자녀교육 마음가짐을 바꿀 새로운 시선

부모 인문학 23

자녀교육 마음가짐을 바꿀 새로운 시선

부모 인문학 23

초판 1쇄 발행 2022년 4월 1일
초판 3쇄 발행 2022년 5월 25일

지은이	윤성경
펴낸이	유지서
펴낸곳	이야기공간 출판등록 2020년 1월 16일 제2020-000003호
주소	22698 인천광역시 서구 승학로 406(검암동, 효산캐슬) A동 503호
	06972 서울특별시 동작구 서달로 161-1 청맥살롱 건물 3층
전화	070-4115-0330 팩스 0504-330-6726 이메일 story-js99@nate.com
블로그	blog.naver.com/story_js2020
인스타그램	https://www.instagram.com/the_story.space/
유튜브	https://www.youtube.com/channel/UCGc7DD4pxilIHPBU-b-kX5Q
이야기공간스토어	https://smartstore.naver.com/storyspace

편집	박진영, 홍지회
디자인	책은우주다 seungdesign@hanmail.net
마케팅	김영란, 신경범, 우이, 육민애
경영지원	카운트북 countbook@naver.com
인쇄·제작	미래피앤피 yswiss@hanmail.net
배본사	런닝북 runrunbook@naver.com
전자책 제작	롤링다이스 everbooger@gmail.com

ⓒ 2022, 윤성경

자녀교육
마음가짐을
바꿀
새로운 시선

부모
인문학
23

윤성경 지음

이야기공간

부모로 살아가기 힘들다면
인문학이 필요한 순간이다

세상이 너무 빨리 변하고 있다

"어머, 못 보던 얼굴이네. 참 매력적이다. 모델이야?"

"잘 모르겠어. 엄마, 나도 처음 봐. 모델인가?"

"쟤 대박 나겠다. 그치?"

2021년 여름 무렵이었다. 딸아이와 TV를 보다가 모 금융업계 광고에 등장한 로지라는 모델을 처음 봤을 때 나눈 대화다. 물론 얼마 지나지 않아 광고모델 로지가 실제 사람이 아니라 MZ세대가 선호하는 외모로 탄생한 가상인물이라는 사실을 알게 됐다. 메타버스^{Metaverse} 기술로 구현한 가상인물이라는 정보를 접하기 전까지 나는 그 장면을 실제라고 인식했다.

이제 우리는 실제인지 가상인지의 문제보다 리스크 관리, 효율, 효과의 관점에 더 큰 관심을 둔다. 완벽에 가까운 외모도 중요하지만 광고모델로 신뢰를 잃을 걱정이 없다는 점에서 기업에서는 사람보다 가상인간을 선호할 수 있다. 이와 같은 변화는 이제 더 많은 영역에서 일어날 것이다. 지금은 초보적인 기술 구현 단계지만 가상세계가 실현될 수 있는 생태계 조성이 머지않았다는 전문가들의 예측을 따를 때 우리에게 닥칠 삶의 변화를 가늠하기조차 쉽지 않다.

가상과 실제의 경계가 모호해진 격변의 시대에 우리 자녀들은 어떤 방식으로 살아갈까. 영상연기학을 전공하는 딸과 함께 봤던 가상인간 로지는 이미 영향력 있는 인플루언서다. 이제 딸아이는 완벽에 가까운 가상인간을 뛰어넘을 그 뭔가를 갖추거나 그들과 함께 존재할 수 있는 지대를 스스로 찾아야 한다.

4차 산업혁명 시대에 접어들었으니 부모의 의식부터 변화해야 한다는 목소리가 있지만 아이들이 대학입시를 준비해야 하는 현실은 여전하다. 불확실한 현시대에 부모는 자녀에게 무엇을 마련해줘야 할지 고민한다. 수학, 과학 학습의 비중을 높이고 창의력을 키워야 한다는 주장을 받아들이는 것만으로 자녀교육의 방향을 찾기는 어렵다.

세상의 변화는 점점 빨라지고 양상도 파격적이다. 자녀가 인간답게 살아가기 위해 무엇이 최선인지 확신할 수 없는 세태에서 그 미래를 부모 주도로 이끌 수는 없다. 그런데도 부모와 자녀라는 관계의 특수성을 충분히 인식하지 못할 때, 부모는 올바른 길로 이끌어야 한다는 확신에 차 아이의 일상을 주도하려고 한다. 자녀의 현재 마음 상태보다 미래를 염려하는 부모의 마음이 앞서기 때문이다. 자녀의 미래에 이롭다면 비교육적인 방식을 동원해서라도 삶에 관여하려고 한다. 아이와의 관계에서 부모의 확신은 하나의 관점에 불과하다. 그 관점은 임의적이고 주관적일 수 있다는 것을 부모 스스로 받아들일 기회가 필요하다. 이 기회를 통해 부모는 아이에 대해 즉각적으로 판단하는 태도를 유보할 여지가 생긴다.

부모 노릇하기 정말 더 어렵다

이 지점에서 난관에 부딪힐 수 있다. 부모가 정신을 똑바로 차리고 뒷바라지를 해줘도 부족할 판에 아이의 행동을 판단하지 말라고 하면 도대체 어쩌란 말인가. 철부지 아이의 행동을 어떻게 바로잡을지 난감하다. '판단을 유보한다' 또는 '판단을 내려놓는다'라고 하면 아이에게 뭔가를 가르쳐야 할 부모가 아무 생각 없이 멍하게 있는 것으로 오해를 받기도 한다. 물론 그런 의미는 아니다. 부모가 내린 판단이 다양한 관점에서 충분히 검토되지 않았냐면 다시 생각해볼 여지가 있다는 점에 대한 각성이다. 관점을 바꿔 생각하려면 기존 판단을 비워내야 한다. 이는 기존 생각을 그대로 두고 그 위에 덧칠하는 것이 아니라 아무것도 없는 데서 출발하기 위해 마음의 공간을 만들어내는 과정이다.

자신의 생각대로 아이에게 반응하기보다 먼저 그 판단을 검토해야 한다. 부모가 할 수 있는 최선은 시대의 변화를 읽고 아이의 이야기를 제대로 듣는 것이다. 아이가 하는 이야기를 주관적으로 판단하지 않고 있는 그대로 듣기 위해서는 매 순간 깨어나려는 노력이 필요하다. 부모는 전지전능한 신이 아닌 한 명의 인간임을 자각하자. 부모는 두렵고 떨리지만 아이와 손을 맞잡고 용기를 내 인생을 함께 걸어가는 존재다.

부모 노릇을 해본 사람이라면 만성적인 불안을 떨치고 평정을 유지하며 사는 것이 얼마나 어려운지 잘 안다. 이 책에서는 부모의 삶의 질은 아이가 얼마나 잘하느냐보다 부모 자신의 성숙한 인간 이해와 관련 있다는 점을 인문학 관점에서 다룬다.

인간에 대한 이해는 어느 한순간에 완성되기보다 자신이나 타인과의 직접적인 만남을 통해 성숙해진다. 부모가 자녀의 삶에 동참하고 아이도 부모의 삶을 이해하면서 자아실현의 기쁨을 누리는 방안을 찾으려고 한다. 이를 위해 부모는 선입견에 얽매이지 않고 자녀의 삶을 적극적으로 상상해보는 힘이 필요하다.

인간의 삶을 이해하기 위한 시도

상상이 공상에 그치지 않기 위해서는 다양한 자료가 필요하다. 아이의 성공적인 삶에 관한 상상이 특정 가치에 얽매이지 않고 자유로우려면 '인간의 성공적인 삶'이 무엇인지에 대한 이해가 깊어져야 한다. 이 책 Chapter 1에서는 인간과 삶에 대한 이해를 진전시키는 데 도움이 되는 이야기를 나누려고 한다. 누군가에게는 조금 무거울 수도 있는 이야기가 책 앞머리에 나오는 것이 과연 최선인지 깊이 고민했다. '첫 장을 읽다가 책을 덮기라도 하면 어쩌나…'라는 걱정이 앞서기도 한다. 재미도 중요하지만 나누고 싶은 이야기의 순서를 놓칠 수가 없었다. 그래서 밋밋할 수 있는 인간 이해에 관한 이야기를 Chapter 1에서 다룬다.

맨 처음 다루는 소크라테스 이야기만 넘어가면 계속 나아갈 수 있을 거라는 사견을 덧붙인다. 양육에는 '힘든'이라는 수식어가 붙는다. 부모로 살아가는 인생길에 힘든 순간만 있지는 않더라도 부모가 아이를 사랑하는 방식에는 큰 책임과 의무가 따르기 때문이다. '아픔과 사랑이 같은 말인 걸'이라는 노랫말이

연인 간의 사랑에만 해딩히는 것은 아닌 듯하다. 아이를 사랑하
는 부모의 삶에도 아픔이 있다. 부모이기 때문에 회피할 수 없
는 고통이 있다. 고통에 직면하는 순간 질문하게 된다. 이 질문
을 통해 우리는 인간 이해에 더 다가간다. 아이들이 무심코 던
진 깊은 '빡침('화남'을 속되게 이르는 말이지만 이 책에서 감정을 좀 더 생
생하게 드러내기 위해 사용함을 일러둔다)'의 일상에서 인문학을 통해
우리 행동의 의미를 발견하고자 한다.

인간의 행동은 사회 구조의 영향을 받는다. Chapter 2에서
는 부모와 자녀가 함께 살아가는 데 영향을 미치는 요인을 사회
구조와 문화를 통해 이야기한다. 현재를 살아가는 부모의 삶의
태도는 자녀의 삶에 깊은 영향을 미친다. 물질적 유산만 가치
있는 것으로 여기는 현실에서 부모가 자녀에게 물려주려고 애
쓰는 것이 무엇인지 솔직하게 돌아보려고 한다. 물질적 유산을
물려줄 수 있다면 더없이 좋겠지만 이것 외에도 물려줄 수 있는
유용한 뭔가를 찾아보았다. 과연 물질적 유산 외에도 자녀의 삶
을 풍요롭게 해줄 유산이 있는지 가늠해보고자 한다. 정신적 가
치가 소중하다고 입을 모아 말하지만 오늘을 살아가는 우리가
그 의미를 어떻게 해석하고 있는지 질문한다. 부모가 자녀에게
물려줄 수 있는 것은 아파트뿐만이 아닐 수 있다는, 어쩌면 현
실감각이 없어 보이는 이야기를 통해 자녀와 공유할 수 있는 품

위 있는 삶의 모습을 이야기한다.

부모가 유산을 물려주기 위해서는 자녀와 제대로 소통해야 한다. Chapter 3에서는 자녀와 소통하는 방법을 다룬다. 부모 교육에서 가장 비중 있게 다루는 영역 중 하나가 의사소통 기술 이다. 부모와 자녀 사이에서 빚어지는 갈등의 핵심요인 중 하나 가 바로 의사소통에서 비롯되는 문제이기 때문이다. 서로의 속 마음을 터놓고 소통하기 위해 적절한 기술을 익히는 것도 유용 하지만 더 중요한 것은 자녀와의 관계에서 의사소통 기술을 지 속적으로 적용할 수 있느냐는 것이다. 부모가 일관성 있는 태도 로 자녀를 존중하기 위해서는 어떻게 해야 할까. 자녀의 대응뿐 만 아니라 부모 자신의 감정과 행동에 관한 이해를 증진하려는 시도가 필요하다. 그래서 서로의 생각이 왜곡되지 않고 소통될 수 있는 너와 나의 연결고리가 무엇일지 구체적인 사례를 들어 이야기한다. 이를 통해 자녀와의 인격적 만남이 가능한 지점을 찾는다.

Chapter 4에서는 자녀와 평화롭게 공존하는 지대를 탐색 한다. 시대 변화를 통찰하고 특정 시대에 구속되지 않는 자유 로운 부모 의식을 이야기한다. 내 삶의 존재 이유인지도 모르 는 자녀에게 집착하지 않는 부모가 되기로 결심했다면 쿨하면 서도 깊은 사랑을 나누는 방법을 다양하게 모색할 필요가 있다.

한마디로 '자사친(자녀 사람 친구)' 되기 프로젝트다. 부모와 자녀는 동시대를 살고 있지만 시대를 해석하는 관점이 다를 수 있다. 부모는 이미 형성된 기존 세계관으로 현재를 해석하고 미래를 예측하는 반면, 자녀는 현재의 관점에서 현상을 해석하고 미래를 예측하며 이에 따라 세계관이 형성된다. 가족이 생활양식을 공유하더라도 현상을 해석하는 방식에는 차이가 있다. 이러한 차이에 대한 부모의 태도를 돌아보려고 한다. 책임과 역할로 존재 가치가 규정되는 사회를 살아가는 오늘날의 부모와 아이에게 모든 부차적 관념이 사라지고 부모의 사랑이 오롯이 드러날 가능성을 모색한다.

부모와 나누고 싶은 인문학 이야기

부모와 나누고 싶은 이 모든 이야기를 인문학적 사유에 기대어 풀어보았다. 이 책에서 인문학적 사유를 소개하려는 것은 분명히 아니다. 인문학자의 방대한 사유 중 극히 일부만 공유해 부모로서 함께 나누고 싶은 이야기의 맥락을 잃지 않기 위해 애썼다. 부모의 성숙한 의식을 통해 아이가 자유롭게 변화하고 성장할 가능성을 여는 통로를 함께 찾으려고 한다.

사랑하기 때문에 상대방을 소유하고 그 삶을 장악하려고 한다면 미성숙하다고 할 수 있다. 반대로 사랑하기 때문에 서로의 행복을 응원하고 지원하는 것이 인간적으로 성숙한 태도라고 하겠다. 부모로 행복한 삶을 살아가고 아이도 행복하려면 사랑, 자유, 선택, 책임, 배려, 공감, 공정, 주체성, 독립 등의 의미에 대한 부모의 성숙한 이해가 필요하다.

인간 이해가 부족할 때 생기는 편협함으로 부모가 자녀의 마음을 제대로 읽지 못한다면 부모와 자녀 모두 상처를 입고 고통에 빠진다. 이런 점에서 부모는 자녀를 성장시키는 존재라기보다 자녀와 함께 성장하는 존재다.

이 책을 연 여러분이 부모라서 더 치열하게 살아왔고 살고 있다는 것을 잘 안다. 부디 이 책을 통해, 녹록하지 않고 힘든 현실이지만 그래도 부모라서 더 품위 있다는 자부심을 얻길 바란다.

윤성경

강렬한 너와 나의 연결고리

4차 산업혁명 시대의 부모 인문학

Chapter 1

'빡침'에서 인문학으로

1 — 소크라테스가 부모에게

좀 아는 부모여도
진짜 알기 위해 질문하자

좀 아는 나, 부모가 되었다

남들처럼 나도 부모 경험 없이 부모가 됐지만 교육에 관해 좀 더 오래 배웠다는 점에서 남들보다 시행착오를 덜 겪을 줄 알았다. 어린 조카 교육을 수시로 물어오는 언니를 비롯해 친구들의 육아 고민을 공유하면서 내 아이를 잘 키울 거라는 근거 없는 자신감이 내심 있었다.

자녀교육에 특별한 노하우가 있을 거라는 주변의 시선이 터무니없음을 스스로 깨달은 것은 육아를 시작하기도 전 임신했을 때였다. 이미 석사까지 마친 상태였지만 그동안의 배움으로는 임신으로 인한 내 삶의 변화를 설명하기에 턱없이 부족했다.

출산일이 다가올수록 처음 마음과 달리 불안해지기 시작했다.

임신 7개월 무렵 정기검진에서 아이의 머리가 커 제왕절개를 고려해야 한다는 담당의의 말을 들었다. 처음에는 아이의 건강에 문제가 생길까 봐 심각하게 걱정했다. 하지만 그것도 잠시, 아이 건강에는 문제가 없다는 말을 듣자마자 나도 모르게 마음속으로 '아! 다행이다'라고 외치고 있었다. 임신부의 상식적인 반응이지만 사실 안도감을 느낀 또 다른 이유가 있었다. 바로 출산의 고통을 피할 수 있다는 반가움에서였다. 그런데 그 반가움은 부차적 감정이 아니었다. 아프지 않고 출산할 수 있다는 점이 내게는 아이가 건강하다는 사실만큼 중요했다. 임신한 사실을 알게 된 순간부터 자라나던 엄청난 두려움이 해소되는 느낌이었다. 그런데 이상하게도 이런 내 마음을 누가 눈치챌까 봐 신경 쓰이기 시작했다. 남들이 볼 때 '저렇게 철없는 사람이 엄마가 되다니!'라며 손가락질할 것만 같았다. 그때는 산모가 죽을 고생을 하더라도 아이의 안전을 위해 끝까지 자연분만을 시도하는 강인함이 바람직한 엄마의 모습으로 이해되던 시절이었다. 남들 눈에 자격미달인 엄마로 보이기 싫었다. 사실 엄마가 되는 것은 나인데 그때는 남들 눈을 왜 그토록 의식했는지 모르겠다.

그뿐만이 아니다. 그때 나는 아기와 대화하는 방식의 태교

일기를 쓰고 있었다. 배 속 아기에게 세상 모든 좋은 말을 전해 주며 무슨 일이 있어도 너부터 먼저 지켜주겠다고 약속하던 내가 정작 내 자존심부터 챙기다니…. 부모의 자질을 스스로 의심하면서도 누구와도 솔직히 상의할 수 없는 이중고에 시달렸다. 무엇보다 아이는 이미 내 몸속에서 무럭무럭 자라고 있는데 이 현실을 감당할 준비가 안 돼 있다는 사실은 내게 당혹감을 주기에 충분했다.

출산 이후의 육아 현실은 더 만만치 않았다. 내가 알던 앎이 무엇 하나 그대로 적용되지 않았다. 양육 현실에서 부딪힌 문제의 해결 과정은 막막했고 끝이 보이지 않았다. 최선의 솔루션을 찾았다고 생각한 순간, 그 답을 의심할 수밖에 없는 상황으로 내몰렸다. 교육학을 전공했는데도 이렇게 버벅대다니! 내가 자녀교육에 관해 제대로 알고 있긴 한 건지 의심을 거듭한 끝에 만난 인문학자가 있다.

소크라테스의 대화법

'너 자신을 알라'라는 문구와 함께 오늘날 우리에게 친근한 소크라테스Socrates는 평생 젊은이들과 대화하며 자신과 타인의 삶의 태도를 성찰하고 영혼을 돌보며 살았다. 소크라테스의 명언으로 알려진 이 문구는 고대 그리스 아테네 델피 신전 입구의 현판에 새겨져 있나고 쩐에긴디. 그가 직접 한 말이 아니어도 이는 소크라테스가 평생 탐구했던 질문과 깊은 연관이 있다.

소크라테스는 절친이던 카레이폰을 통해 '아테네에서 가장 지혜로운 자가 소크라테스다'라는 신탁을 받는다. 그는 신탁의 의미를 알아내기 위해 현자들을 찾아가 진리에 대한 대화를 나누기 시작했다. 그때 스스로 지혜로운 사람이라고 자칭하던 소피스트가 귀족의 자녀를 가르치며 사회적 명망을 얻고 있었다. 요즘 우리나라 일타강사와 유사한 역할을 했던 소피스트는 대가를 받고 귀족의 자녀가 출세할 수 있게 가르쳤다. 이러한 분위기에 편승해 소크라테스도 귀족의 자제를 가르치고 대가를 받아서 사회적 명망을 누릴 기회를 얻을 수 있었을 텐데 자신이 지혜롭다는 신탁에 굳이 의문을 제기해야만 했을까. 나아가 누군가의 반감을 사면서까지 신탁의 의미를 풀어야만 했을까. 세상살이 관점에서 인생 역전의 기회가 왔는데도 잡지 않은 소크라테스. 선뜻 이해할 수 없었던 그를 통해 이제는 내 삶을 이해하는 통로를 발견한다.

소크라테스의 대화는 질문하고 반문하는 과정의 연속이다. 서로 대화를 나누다 보면 자신이 알고 있다고 확신했던 진리의 혼란스러운 점을 발견한다. 진리에 대한 혼란은 당혹 그 자체이지만 그동안 쌓은 지식이 온전하지 않음을 인식하는 계기가 돼 앞으로 성실히 탐구하자는 합의에 이른다. 소크라테스의 교육법으로도 유명한 대화법은 문제의 답을 찾는 것이 아니라 오히려 그 문제에 대해 잘 모르고 있다는 점을 자각하는 과정이었다. 여기서 질문하지 않을 수 없다. 교육은 해결책을 찾는 과정이어야 하는데 왜 오히려 미궁에 빠지게 하는가?

자각하는 부모는 질문한다

인간이 특정 문제에 대해 잘 안다고 확신한다면 계속 배워야 할 이유를 찾을 수 없다. 자신이 알고 있는 것이 온전하지 않다는 것을 인식할 때 비로소 진리를 찾는 탐구가 시작되기 때문이다. 소크라테스는 진리를 확정해 상대방에게 가르치려고 하지 않았다. 소크라테스 자신을 포함해 대화 참여자 모두가 잘 알지 못한다는 사실을 깨달음으로써 스스로 탐구하는 태도를 생성하고자 했다. 무지를 자각함으로써 탐구하는 태도가 생성되는 교육이야말로 오늘날의 자기주도 학습 태도와 다르지 않다. 소크라테스의 관점에서 볼 때 육아에 대해 잘 모른다는 점을 부모가 자각함으로써 질문하게 되고 이를 풀어나가는 과정에서 양육 태도의 변화 가능성이 열린다.

'무지'란 아무것도 모르는 상태나 진리에 대해 아무 의견도 없다는 뜻이 아니다. 인간은 태어나면서부터 자신이 속한 세계에서 성장하고 의미의 세계를 구성한다. 성인이 될 때까지 특성 문화와 가치관이 반영된 관념을 형성하고 이를 기준으로 사리 판단을 한다. 그동안 해왔던 사고 패턴에 자연스럽게 익숙해진 개인이 자신의 앎이 편협하다는 사실을 자각하기는 쉽지 않다.

무지는 선입견이나 논리적 비약으로 인해 생각이 왜곡되거나 편향된 채 주관적 의미의 세계에 갇힌 상태다. 특정 관점에서 형성된 의미체계를 일상 사태에 반복적으로 적용함으로써 자기중심적 의미체계를 강화한다. 자신이 아는 것이 진리라고 확신하는 삶의 태도와 기존 의미체계 자체를 성찰하는 삶의 태도는 엄연히 다르다. 무지를 자각한다는 의미는 후자에 해당한다. 배우지 못해 아는 것이 없는 무식한 사람으로 자신을 규정하고 비하하는 상태가 아니라 자신이 확신하고 있던 앎의 한계를 인식하고 기존 앎을 검토하는 태도 자체다.

좀 안다고 생각해도 진짜 알기 위해 질문하자

소크라테스의 무지 자각 개념에 내 상황을 비춰보면 내가 '교육에 대해' 배워 알기 때문에 내 아이를 남들보다 더 잘 키울 수 있다는 논리에는 비약이 있다. 먼저 교육에 대해 배웠다는 의미가 무엇인지, 그리고 모든 배움은 실천하는 앎이 되는지부터 검토해봐야 한다. 내가 배웠다는 의미는 교육 관련 이론

중 극히 일부만 이해해 교육문제의 대안을 논의하는 수업에 참여한 사실이 있다는 것을 말한다. 그런데 과목을 패스하기 위해 기말과제의 주제로 어떤 교육문제를 다뤄야 할지, 더 정확히 말해 내가 문제 삼아야 하는 것이 뭔지를 인위적으로 찾는 것은 고역이었다. '찐 물음Genuine Problem' 없이 수업에 참여한 셈이다. 여기서 진정한 탐구 즉, 배움이 일어났다고 보기는 어렵다.

게다가 '교육에 대한 이론'을 이해하는 것과 실제로 '교육함'은 다르다. '교육에 대한' 관련 이론을 듣고 이해하기는 했지만 '교육함'을 탐구하지는 못했던 것이다. 소크라테스는 무지 자각을 통해 모르는 것에 대해 질문하도록 젊은이들을 독려했다. 인간은 뭔가를 해결하려고 할 때 자신이 모르는 것을 발견하게 되므로 앎은 실천적 차원에서 생성된다고 보았다. 그러므로 '○○에 대해 배웠다'라는 말의 의미와 소크라테스의 '실천적 앎'은 자동으로 연결되지 않는다. 나도 교육 이론을 배우던 시절이 아니라 아이와의 관계에서 던져지는 '진짜 질문'을 통해 앎의 세계로 나아가는 여정이 시작되었다.

무지 자각이 앎의 시작

자녀를 어떻게 키워야 할지 잘 알고 있다는 착각의 세계를 박차고 나오게 된 데는 아이들이 내게 무심코 던진 깊은 '빡침'

의 현실이 있었다. 육아에 기친 일상에서 더는 도망갈 수 없는 실존 상황을 살아내다 보니 아이에게 향하던 시선이 내게 향했다. 때로는 세상 다 가진 것 같은 아이의 행복한 미소와 웃음소리, 그리고 때로는 뭔가 고민에 빠진 듯 울음을 감춘 아이의 슬픈 눈동자를 도저히 외면할 수 없는 상황을 만나면서 부모로서 미성숙한 나를 '진솔하게' 바라보는 시도를 시작했다. 이런 시도는 '어쩔 수 없음'에서 생겼다. 아이의 마음을 외면할 수 없었던 어쩔 수 없는 그 순간에 섰을 때 추상적인 질문이 비로소 온전한 교육적 관심으로 바뀌었다.

철학적 태도는 자기 생각의 한계를 보려는 것과 다르지 않다. 육아 상황에서 철학적 사고를 하지 않을 때 부모는 종종 화에 매몰된다. 내 화의 근원이 나의 외부 즉 아이들의 특정 행동에서 비롯됐다는 생각에 화가 더 증폭된다. 반대로 철학적 사고를 하면 화의 근원이 자기 사고의 틀에서 비롯됐음을 깨닫는다.

'너 자신을 알라'라는 격언은 '너 자신이 모르는 것이 있다는 사실을 인식하라'라고 풀이할 수 있다. 나도 여전히 자녀교육에 대해 잘 모른다. 알려는 의지가 부족해 노력하지 않았거나 노력했지만 재능이 부족해 아무것도 할 수 없다는 자책감은 아니다. 다만 부모도 인간이라는 점을 받아들였기 때문이다. 개인을 단단히 옭아매고 있던 기존 앎의 세계를 뚫고 생각하지도 못한 새로운 세계로 날아오르는 연습이 필요하다.

아무리 지혜로운 사람도, 자녀를 목숨보다 아끼는 부모도, 신이 아닌 이상 진리를 완벽히 알지는 못하므로 아이를 일방적으로 가르칠 수는 없다. 소크라테스가 젊은이들의 훌륭한 교사로 평가받는 것은 영혼을 돌보는 삶에 대한 매뉴얼을 제시하고 전수했기 때문이 아니라 젊은이들이 일상에서 벌어지는 사태에 대해 질문하도록 이끌었기 때문이다. 자녀에게 행복한 삶의 매뉴얼을 만들어줄 수 있을지도 모른다는 기대가 부모에게 있다면 오늘은 그것이 실현 가능한지 나 자신에게 질문해보자.

소크라테스가 부모에게 들려주는 새로운 시선

부모가 아는 것이 다가 아닐 수도 있다!

성공에 눈먼 부모는 아이의 마음을 보지 못한다

자녀의 마음 존중하기 참 어렵다

4차 산업혁명 시대에 접어든 오늘날 창의력이 중요하다고 말하지만 여전히 입시 공화국이 위세를 떨치는 현실에서 자녀의 마음을 존중하는 교육을 주장한 루소의 견해는 부모에게 비현실적인 먼 나라 이야기로 들릴 수 있다.

루소가 살았던 18세기 중산층 아이들뿐만 아니라 요즘 대부분의 아이도 여전히 공부에 쫓기며 살아간다. 자녀에게 행복한 미래를 만들어주려고 아이의 현재 삶을 구속해 불행하게 하는 교육을 루소는 강도 높게 비판했다. 그는 아동기의 발달 특성을 존중받지 못한 채 불확실한 미래를 위해 현재를 희생하는 교육을 비인간적인 교육이라고 했다. 자녀의 성공적인 미래를 준비한다는 생각에 과몰입된 부모가 아이의 마음을 돌아보지 않을 때 부모와 자녀 사이에서도 인간 소외가 일어난다고 본 그의 견해는 오늘날 우리 시대의 문제와도 연관된다.

소외 경험은 누구에게나 고통스럽다. 더욱이 부모와 정서적으로 친밀한 관계를 맺지 못해 마음 둘 데 없이 유년 시절을 보낸다면 어떨까? 그 아이가 어떤 마음으로 살아갈지 상상하도록 이끌어주는 인문학자가 루소다. 학문적으로 비범했지만 사람들과의 불화로 굴곡진 삶을 살아낸 그는 자신의 고통이 어머니의 사랑을 충분히 받지 못한 데서 비롯됐다고 보았다. 그는 사회의 기본 단위를 개인이 아닌 가정으로 봤을 만큼 아이에게 부모의 사랑이 중요하다는 것을 강조했다. 굳이 루소를 소환하지 않더라도 부모가 아이의 마음을 존중하는 태도가 중요하다는 것을 우리는 잘 안다. 하지만 자녀를 키워본 부모라면 아이가 자랄수록 그 마음을 존중하기 쉽지 않다는 것을 매 순간 경험한다.

자녀의 마음속에 있는 이야기를 듣자

자녀가 성장할수록 부모가 가장 많이 질문하고 전문가에게 적극적으로 도움을 받고자 하는 문제는 자녀의 마음과 무관한 데서 출발한다. 부모가 전문가의 도움을 받으려는 대표적인 문제를 나열해보면 아이가 편식하거나, 다른 아이가 가지고 노는 물건을 무조건 뺏거나, 폭력을 사용해 문제를 해결하려고 하거나, 기본적인 학습이 지체되거나, TV만 보려고 하거나, 영어학원을 언제부터 보내야 할지, 수학은 잘하는데 국어 성적이 오르지 않을 때는 어떻게 해야 할지 등이다. 물론 부모가 적절히 개입해 아이와 함께 고민하며 해결해야 할 중요한 문제들이다. 그런데 특정한 문제행동이 드러나기 전에 아이의 마음을 존중하고 있는지 질문하거나 아이의 마음을 존중하는 방법에 대해 도움 받기를 요청하는 부모는 드물다.

물론 아이의 마음을 가볍게 여겨서가 아니다. 사회에서 요구하는 경쟁력을 갖추는 데 필요한 것부터 해결해야만 내 아이가 뒤처지지 않는다는 부모의 신념과 관련 있다. 결국 아이의 드러난 문제를 해결하는 과정에서 아이의 마음을 읽고 공감할 필요가 있다는 전문가의 솔루션이 나오면 그제야 부모는 자녀의 마음에 관심을 둔다.

부모와 자녀의 동상이몽

언젠가 택시를 타고 가다가 라디오에서 자녀교육 문제를 전문가가 상담해주는 사연을 들었다. 엄마가 직장에서 근무하던 중 중학생인 둘째 딸의 전화를 받았는데 아이는 울면서 "엄마,

죄송해요"를 반복했다고 한다. 영어학원에 가기 싫어 팔목을 그었고 피가 많이 나지는 않지만 너무 무섭다며 울면서 계속하는 말이 "엄마, 죄송해요"였다는 것이다. 어떻게 집에 갔는지 모를 정신으로 정신없이 달려가 보니 아이는 팔목을 네 줄로 그은 상태였고 간단한 응급처치 후 병원에 갔더니 가벼운 상처여서 흉터는 남지 않을 거라고 했다.

한고비를 넘기고 집에 돌아온 가족은 모두 모여 앉아 아이와 이야기를 나누게 되었다. 아이는 엄마가 영어학원을 그만 다니게 해줄 것 같지 않아 자기가 죽으면 영어학원에 안 가도 돼 그랬다고 속마음을 털어놓았다. 그 말을 듣고 모여 앉아 있던 가족이 한참 울었다는 사연이었다.

이 이야기는 많은 생각을 남긴다. 요즘은 성인이 돼 평범하게나마 살아가려면 경쟁력을 갖춰야 한다는 사실을 부모가 알려주지 않아도 아이들 스스로 너무 잘 알고 있다. 사회가 얼마나 냉혹한지에 대해 부모가 훈계하지 않아도 이미 학교에서 결과 위주의 평가를 받아온 아이들은 또래 관계에서 형성된 그들만의 서열을 경험한다. 과거처럼 부모의 일방적인 생각으로 아이에게 강압적으로 뭔가를 하게 만드는 경우가 흔치 않다는 뜻이다. 자신이 원하는 삶을 살기 위해서는 원하는 대학에 진학해야 한다는 점을 아이들 스스로 알기에 과중한 학업 스케줄마저 자신들이 겪어내야 할 현실로 인식한다. 오히려 아이가 원하는 학습 뒷바라지를 충분히 해주지 못하는 것이 부모로서는 견디기 더 힘들다. 대부분의 부모는 아이가 공부하느라 힘들겠지만 이를 아이의 자발적 선택으로 여긴다. 그래서 아이의 의견을 충분히 반영해 학습 스케줄을 조정하고 미래의 꿈도 함께 만들어가는 '친구 같은' 부모라고 스스로 자부한다.

그렇다면 아이들이 생각하는 부모는 어떨까? 아이들은 자신을 위해 헌신하는 부모를 조금이라도 행복하게 해주는 것이 뭔지 잘 안다. 오히려 아이들이 부모의 마음에 관심을 둔다. 부모가 마음속으로 꿈꾸는 행복이 뭔지 알기에 그 행복을 깨고 싶지 않다. 힘들어도 견디려고 한다. 이 과정에 균열이 생긴다면 부모님의 실망과 슬픔이 더 크다는 것을 알기에 아이들이 자신의 마음을 솔직히 드러내기가 쉽지 않은 것이다.

자신의 손목을 긋고도 엄마의 마음이 얼마나 아플지 알기에 미안해하는 아이…. 그래서 영어학원에 다니기 싫은 마음을 부모에게 쉽게 이야기하지 못하는 것이다. 아이가 자해라는 극단적 행동으로 자신의 고통을 드러내기 전까지는 부모도 아이의 마음을 들여다볼 이유를 특별히 발견하지 못한다.

자녀의 마음을 존중하는가

아이의 마음을 존중하는 것도 중요하지만 현실적으로 필요하고 급한 과제부터 먼저 하게 지도하다 보니 소소하게 아이의 자유를 제한하는 부모에게 루소는 질문한다.

"자녀의 마음을 존중하는가?"

정말 어떻게 해야 자녀를 존중하는 것일까? 방임보다 아이의 자유를 효율적으로 제한하는 것이 '교육적'이라고 생각할 수 있는 시대다. 아이가 어릴수록 당근과 채찍을 적절히 사용하는 부모를 지혜롭다고 생각하기도 한다. 하지만 여기에는 위험이 도사리고 있다. 누군가가 이끄는 대로 살아가는 데 익숙한 아이는 성인이 되어서도 스스로 결정하는 것이 편치 않을 수 있다. 자신이 무엇을 원하는지 생각하거나 직접 선택하는 과정이 어색하고 자신의 결정에 책임지는 것이 두렵기 때문이다. 원하는 삶을 스스로 반납하고 남들 살아가는 대로 사는 것이 안전하다고 여길 수도 있다.

장 자크 루소Jean Jacques Rousseau는 아이의 선한 마음을 보존하는 교육을 하기에 부모보다 훌륭한 교사가 더 적합하다고 말했다. 《에밀》에서 시골로 데려가 교육할 아이의 조건 중 하나는 '고아'다. 이는 충격적이다. 아이가 건강하게 자라게 하는 데 부모가 가장 적임자라는 것을 의심해본 적이 없는 우리에게 이런 선세는 생소하다. 에밀이 선하게 자라려면 부모를 대신할 훌륭한 교사가 필요하다고 말한 이유는 무엇일까?

가정은 이해타산을 떠난 독특한 형태의 집단이기에 다른 데서 나눌 수 없는 사랑을 경험하는 공간이어야 한다. 하지만 당시 사교계를 중심으로 살던 여성들이 아이 양육을 유모에게 맡기면서 부모의 사랑이 부족한 채 자란 아이들의 자기애Amour de Soi가 왜곡된다고 보았다. 출세를 위해 인간의 선한 감정이 왜곡될 때 남의 마음에 들기 위해 눈치를 보게 되는 타인 의존적 자기집착Amour Propre으로 변질된다. 이러한 감정과 구분해 인간이 타고난 선한 마음을 존중하는 자기애를 교육을 통해 보존하고자 했다. 특히 권력이나 경제력이 있는 부모가 오히려 사회의 편견을 강화하는 역할을 해왔다는 점을 들어 부모의 영향에서 벗어나 교사가 아이를 양육함으로써 인간의 선한 마음을 보존할 수 있다고 보았다. 출세를 위해 타인의 시선에 의존해 자기집착의 감정으로 살아가도록 하는 비인간적인 교육을 당시 부모가 하고 있었다는 점에서 루소는 부모를 대신해 훌륭한 교사가 아이를 기르게 하는 조건을 탄생시켰는지도 모른다.

마음을 온전히 존중받지 못한 채 성인이 되어 바쁜 사회생활을 하다 보면 대부분 자기감정에 둔감해진다. 그리고 자기 마음 상태를 돌아보지 못한 채 부모가 된다. 이러한 부모가 엄연히 타인인 자녀의 마음을 돌보는 것이 저절로 될 리 없다. 부모가 자녀의 마음을 존중한다는 의미를 이해하고 태도를 바꾸기 위해 부모는 특별한 노력을 기울여야 한다. 자녀의 안정된 미래를 위하는 부모가 자녀교육에 최선을 다하지만 정작 자녀가 소외감을 느낀다면 어떻겠는가! 이는 아이 스스로 자신의 마음을 읽게 할 기회를 원천적으로 막는 것과 다름없다.

무엇을 원하는지 알지 못하는 아이가 자신을 지킬 수 있을까? 이렇게 되면 부모가 자녀를 지켜주는 삶에 가깝다. 이와 같은 삶은 언제까지 유효할까? 숨만 쉰다고 인간답게 사는 것은 아닐 것이다. 아이가 원하는 삶을 일구기 위해 활력이 넘치는 인생을 살아가길 부모는 누구보다 바란다. 오늘날을 사는 부모가 그 무엇보다 아이를 안전하게 지키는 데만 사로잡혀 있지 않은지 돌아보게 된다.

자녀를 불행하게 만드는 가장 확실한 방법은
아이 마음을 외면하는 것이다.

세상을 원망하는
아이의 비밀

고통 속에서 깨닫는 것

늦은 나이에 대학 공부를 하게 된 학생 A가 있었다. 그녀는
결혼 후 두 아이를 낳아 기르며 홀시아버지 B가 생을 마감할 때
까지 함께 살았던 며느리이기도 했다. '며느리 사랑은 시아버
지'라는 사회적 통념을 깨고 좀 힘들다면 힘든 시집살이를 했
다. 학력만 빼면 무엇 하나 부족한 점 없이 자기 역할을 잘 해내
는 며느리를 시아버지는 항상 평가절하했다.

함께 살아오면서 시아버지의 눈에 비칠 자신의 모습을 상상
할 때마다 완벽한 아내, 엄마, 며느리가 되어 보란 듯이 인정받
고 싶은 마음이 더 커졌다. 물론 억울한 마음도 없지 않았지만

한편으로 그 흔한 대학 졸업장도 없다는 사실을 인정할 수밖에 없었고 이로 인한 결핍감을 감당하기 힘들었다.

결국 남편과 아이들의 응원에 힘입어 대학 졸업 후 석사를 마치고 박사 과정 공부를 할 때 아버님이 돌아가셨다. 돌아가시기 얼마 전부터 가벼운 치매 증상을 보이셨는데 정신이 맑을 때마다 며느리에게 감사함을 표현했다. 물론 그전에는 생각조차 못한 일이다.

시간이 지나면서 가끔 한 번씩 시아버지 생각이 나 울컥했다. 분명하지는 않지만 자신의 감정이 너무 오래 함께 살면서 쌓인 애증과 같은 것이라고 생각했다. 한편으로는 힘들었던 시절을 견뎌내며 마지막까지 책임을 다했던 자신이 대단하고 또 안쓰러웠다. 복잡한 감정들이 뒤엉켜 시간이 흐를수록 시아버지 생각이 떠오를 때마다 고통스러워하는 자신을 발견했다. 최선을 다하는데도 무시하는 시아버지의 태도가 지속되면서 느꼈던 무력감, 비참함, 억울함, 분노, 불공정, 자책감에 시달리면서 자신도 모르는 사이 원한의 감정이 자리 잡고 있었음을 깨달았다.

원한이라는 감정은 노예의 도덕

프리드리히 니체Friedrich Nietzsche는 원한의 감정에 기초한 정신을 '노예의 도덕'이라고 했다. 자신의 힘이나 가치를 긍정하지 못하고 자신보다 강한 힘의 가치를 따르게 되면서 발생하는 고통을 회피하는 데 힘쓰는 경우다. 나아가 이런 삶의 태도를 영리한 생존방식이라거나 행복한 삶이라고 합리화하는 태도다. 하지만 자유를 추구하는 인간 본성에 비춰보면 타율적으로 살아가는 삶의 태도에서는 필연적으로 고통이 비롯된다. 기존에 존재하는 규범, 관습, 가치에 길든 개인이 외부의 권위를 통해 인정받길 원하면서 자신 안의 충동과 욕망을 부정하고 자기 가치를 의심하기 때문이다.

이와 반대로 니체는 개인의 역동적 에너지를 생성하고 '나답게' 살아가는 삶의 태도로 '주인의 도덕'을 제시한다. 외적 권위에 억압당하지 않고, 자율적으로 나아가는 강함으로 자기다움에 충실한 삶을 주인의 도덕으로 살아가는 태도라고 했다. 니체의 관점에서 보면 학생 A는 시선을 자신에게 돌리는 대신 시아버지의 욕망(내 며느리는 적어도 대학은 졸업해야 한다)을 인정하고 실현하는 데 에너지를 집중했다.

A가 만들어낸 세계에서 성실하고 최선을 다하는 자신은 '선'하지만 A를 괴롭히는 시아버지는 '악'하다는 의미화에 사로잡혀 선악의 차원에서 원망의 감정이 생겼다. 하지만 A는 불합리한 상황에서도 자신의 부족한 점을 열심히 채워나가면서 성장

해 스스로 행복하다는 의미를 부여했다. 그런데 시아버지의 죽음으로 인정받을 수 있는 외적 권위가 사라지면서 고통스러운 자기의식으로 시선을 바꾸게 되었다.

A가 겪은 고통을 자기 삶의 주인을 위해 살았던 삶의 관점에서 검토해볼 수 있다. 자신을 돌아보지 않고 존중할 여력이 없는 데서 발생한 고통인데 그 원인을 시아버지의 편견과 지배력으로 지목하고 견뎌왔다. 시아버지의 생각이 틀렸음을 입증하기 위해 치열하게 살아온 삶에서 시아버지는 '악'이어서 '선'한 나를 괴롭히는 대상으로 대립했다. 그런데 니체는 선과 악은 분리된 것이 아니라 같은 뿌리에서 나온다고 보았다. 힘의 의지가 어떻게 구현되는가의 문제라는 것이다.

노예의 속성은 타인에 비춰 나를 평가하는 방식으로 작동하며 주인의 속성은 타인을 지배하는 것이 아니라 내 안의 욕망을 승화시켜 자신을 긍정하는 방식이라고 할 수 있다.

고통이 고통을 낳고 원한이 원한을 만든다

A뿐만 아니라 인간은 근원적으로 자기 힘을 느끼고 싶은 존재다. 타인의 강한 영향력에 의해 자신의 삶이 흘러갈 때 열심히 살지만 허망한 마음이 들고 왠지 만족스럽지 않다. 이런 상황이 지속되면 자신이 원하는 삶을 살지 못하는 이유를 다른 사

람이나 사회제도로 돌리게 되고 세상에 대한 원망이 생길 여지가 있다.

노예제도가 사라진 현대사회에서 노예계급이 더는 존재하지 않는다. 하지만 사회에 무난히 적응하다 보면 기존 가치와 도덕을 수용하는 과정에서 자신을 억압하거나 부정하는 경험을 한다.《도덕의 계보》에서는 이런 삶에서 나타나는 행복이란 불안을 줄이는 소극적 상태와 다르지 않다고 보았다. 정서적 긴장 완화를 통한 안도감과 같은 수동적 상태로 볼 수 있다.

산업사회에서 부모가 겪은 사회화 과정도 이와 크게 다르지 않다. 개인의 의견이나 독특한 삶의 방식이 존중되기보다 가정이나 학교에서 획일적인 삶의 방식으로 안내되거나 강요되기 일쑤였다.

A의 시아버지 B도 특정 집단정신에 구속돼 일반적인 가치를 따르고 순응하는 시대를 살았다. 이는 외부에서 시키는 대로 살았다는 의미가 아니라 강한 영향력을 발휘하는 가치를 적극적으로 수용함으로써 자신을 억압하는 방식으로 힘을 사용했다는 뜻이다. B는 새로운 가족 구성원인 A를 학력이라는 사회 통념적 가치에 얽매 평가했고 결국 A를 인정하는 마음을 억누르고 A를 지배하는 데 힘을 사용했다.

표면적으로는 B 때문에 A의 고통이 발생하는 것처럼 보이지만 니체의 관점에서는 A와 D 둘 다 외부의 권위를 통해 자신을 인정받으려는 데서 고통이 비롯됐다는 공통점이 있다.

다수의 부모는 자녀에게 대단한 것을 바라기보다 그저 평범하게 잘 살길 원한다. 이 소박한 소망 가운데에는 부모마다 조금씩 다른 의미가 내포돼 있겠지만 최소한 사회안전망 안에 소속돼 위협으로부터 보호받는 삶을 향한 염원이 담겨 있을 것이다. 거대한 질서에 순응해 안정적인 삶을 추구해야만 그나마 안전하게 살아간다는 보편적인 생각은 부모 세대가 추구한 삶의 모습과 다르지 않다. 부모의 이와 같은 태도는 자녀의 삶에 고스란히 반영된다.

B도 부모로서 아들의 배우자에 대한 조건을 이와 같은 맥락에서 정당화했는지도 모른다. 아들의 배우자가 외적인 조건을 많이 갖출수록 아들의 삶이 더 안정되고 편할 것이라는 생각이 자동적으로 작동할 수 있다. 하지만 부모의 이런 가치관이 아들 내외와의 관계에 반영되면서 정작 함께 사는 아들의 마음도 편치 않았다.

나는 주인의 도덕으로 살아가는가

너를 지배하는 데 내 힘을 쓰지 않고 나를 긍정하기에 너도 긍정하는 삶의 태도가 주인의 도덕이다.

부모인 나는 어떤 방식으로 힘을 사용하고 있을까? 아이와의 관계에서 나는 나를 발견하고 나를 긍정하는 데 힘을 쓰고 너는 너를 발견하고 너를 긍정하는 데 힘을 쓰도록 존중하고 있을까? 자신을 찾는 것보다 사회에서 인정받는 사람으로 성장하는 데 아이의 에너지를 집중하고 있다면 부모로서 자기 행동의 의미를 찾는 시간을 가져보는 것은 어떨까.

오랜만에 친구와 통화하다가 다른 친구의 딸이 대기업에 입사했다는 소식을 우연히 전해 들었다. 유년기를 함께 자란 친구 아이의 성공적인 사회진출 소식에 마음이 훈훈해졌다. 그런데 하필 그 순간 내 아이의 현실이 내게 닥쳐왔다. 다른 아이와 비교하지 않는다고 생각해왔는데 착각하고 있었는지도 모르겠다. 아들에게 네 인생이라고 분명한 '선 긋기'를 했지만 친구 딸의 대기업 입사 소식을 듣고 나니 우리 아이가 처한 현실에서 미묘한 온도차가 느껴졌다. 솔직히 부러운 마음이 들었다. 도대체 나는 무엇이 부러웠던 것일까?

내게 다시 질문한다. 내 아이가 어떤 삶의 태도로 살길 바라는가? 우아한 주인의 도덕으로 살아가는 것을 사실상 부모인 내가 두려워하는 것은 아닌지, 그래서 마음대로 되지 않는 세상에 원한을 품으면서도 이것이 세상살이라며 경쟁적으로 내달리기를 바라는 것은 아닌지 솔직히 돌아본다. 이때 내 마음을 꽉 채운 생각이 있다.

   '약한 사람은 구속을 견디는 삶을 살고 강한 사람은 구속을
뛰어넘어 새로운 인생을 즐긴다.'

너를 지배하는 데 내 힘을 쓰지 않는다.

부모와 자녀 사이에
작동하는 권력

내 아이는 아니었으면 좋겠다

큰아이가 초등학교에 입학할 무렵 또래 엄마들의 관심은 아이를 학교생활에 어떻게 적응시키는가였다. 특히 남자아이를 둔 엄마들은 걱정 반 기대 반으로 초등학교 입학을 준비한다. 허용되는 규칙의 범위 안에서 정해진 시간표에 따라 자신의 행동을 제한해야 하는 생활이 남자아이들에게 더 큰 인내를 요구하기 때문이다. 그래서 남자아이를 둔 엄마들은 초등학교 적응기간 내내 마음을 졸인다. 앞으로 십수 년 동안 학교살이를 해야 하는 우리 아이 인생의 첫 단추를 실수 없이 잘 끼우고 싶은 마음이다.

입학하는 날, 청결하고 질서 있게 정리된 교실로 아이는 들어가고 부모는 복도나 교실 밖에서 창문 너머로 그런 아이를 지켜본다.

아이들이 얌전히 앉아 선생님의 이야기를 듣는 가운데 다행히 우리 아이도 잘 앉아 있다. 아이의 표정, 행동 하나하나에 눈을 떼지 못하겠다. 이때 한 아이가 손을 들어 화장실에 가고 싶다고 한다. 선생님이 너그러운 표정으로 친절하게 안내하는 순간에도 그 아이가 내 아이가 아니어서 다행이라는 생각이 든다. 화장실에 가고 싶다는 것이 잘못도 아닌데 말이다. 하지만 이제 우리 아이도 정해진 시간에 맞춰 행동하는 것을 배워야 할 때라는 생각에서다. 사소한 것이지만 질서정연함을 해치는 학생이 적어도 내 아이가 아니면 좋겠기에.

우리 세대의 부모에게는 아이가 학교생활에 잘 적응하는 것이 최우선 과제였다. 초등학교에 들어갈 나이면 타인과 함께 살아가는 능력을 길러야 하고 그러려면 필요한 부분에서 욕구를 미루고 협동하고 경쟁하는 능력을 배워야 한다. 그런데 꼭 학교에서만 이런 능력을 연습할 수 있는 것은 아니라는 것을 알면서도 가장 표준적인 방법을 선택하는 데 대부분의 부모가 익숙해져 있었다.

초등학교 입학을 앞둔 아이를 둔 부모의 생각이 20여 년 전과 현재는 많이 달라졌지만 "나 때는 말이야!"에 해당하는 이야기일 거라는 생각은 잠시 접어두자. 그때는 지켜야 하는 규칙을 따르지 않을 때 제재를 가하는 방식으로 초등학교 아이들의 행동을 규제했다. 반면, 표면적으로 규율이 사라진 학교생활을 하는 요즘 아이들은 금지라는 낡은 규율 대신 새로운 규율 권력의 영향을 받는다. 아이들의 인권을 존중하는 학교생활에서 우리 아이의 개별성과 독특성이 수용되는지에 관심을 두기 위해 부모는 개인을 규율하는, 보이지 않는 장치를 인식해야 한다.

변화하는 미덕

21세기 들어 금지라는 규율보다 공정, 자율, 창의, 소통, 진정성, 공감, 배려와 같은 덕목이 다양한 장치를 통해 진정한 미덕으로 부각되면서 개인의 삶에 영향을 미친다. 그런데 이런 요소가 강조될수록 사람들은 행동 자체보다 행동 이면에 있는 타인의 마음이 진실한지, 공정한지, 공감하는지에 관심을 둔다. 그리고 이런 요소에 비중을 두고 개인을 평가한다. 초등학교 생활에서도 이와 같은 덕목이 아이들에게 강조된다.

초등학교 1학년 아이 둘이 사소한 일로 언쟁을 벌이다가 한 아이가 너무 화가 나 물리적 폭력 없이 '○○이 네가 없어지면 좋겠어!'라고 자기 마음을 표현했다고 가정하자. 과거에는 이

말을 들은 아이가 얼마나 속상할지 알기에 두 친구가 자연스럽게 해결해야 할 관계문제로 보았다. 하지만 요즘 이런 사실을 부모가 알게 됐을 때 이 사태를 해석하는 양상은 과거와 다르다. 상대방 친구가 언어폭력에 해당하는 행위를 했으므로 교사가 즉시 개입해 아이가 받은 마음의 상처에 대해 진정성 있는 사과와 함께 재발 방지 약속을 받는 것이 사태의 적절한 해결이라고 본다. 또래 관계에서 감정 영역이 규제 대상이 되어 피해자와 가해자로 위치한다. 우리가 모르는 사이 일상을 파고든 새로운 표준이 또래 관계에 적용될 때 아이들은 마음을 증명해야 하는 복잡한 상황에 놓일 수 있다.

보이지 않는 권력

덕목은 인간이 갖춰야 할 훌륭한 미덕이지만 이 덕목들이 보이지 않는 권력으로 작동될 때 또 하나의 장치로 개인의 삶을 규율한다. '학교로의 첫걸음'에는 많은 의미가 숨어 있다. 학교에서의 일과가 아이들 생활의 표준이 된다. 주어진 시간표를 따르며 시간별로 정해진 규칙에 따라 행동하도록 아이들을 가르친다. 등교시간, 수업시간, 쉬는 시간, 점심시간 등에 맞춰 몸을 움직인다. 학교생활을 하는 아이들은 유사한 패턴으로 신체를 길들인다. 사회화를 위해 필요한 과정이지만 학교에 다니며 아이들이 암묵적으로 배우는 것은 무엇일까.

규율을 통한 통제는 학교, 군대, 공장 등의 다양한 기관에서 신체를 관리함으로써 순종하는 신체로 만들어낸다고 보았다. 미셸 푸코Michel Paul Foucault의 관점에서 권력은 특정 개인이나 집단이 휘두르는 힘이 아니라 수많은 관계의 여러 측면에서 생겨나 생산적으로 작동된다. 주종 관계뿐만 아니라 부모와 자녀 사이에서도 권력 관계가 발생하고 작동한다는 관점은 부모의 권위 개념과 다른 차원에서 부모와 자녀의 관계를 파악하도록 한다.

자발적 복종을 원하는가

우리는 부모가 주체가 되어 자녀와 관계를 맺는다고 여기지만 푸코의 분석에 따르면 부모도 보이지 않는 권력의 영향을 받는 존재로 본다. 우리는 부모가 이성적으로 사고하고 판단해 아이의 삶에 개입한다는 점에서 아이에 대한 부모의 지배력이 정당하다고 여긴다. 그런데 면밀히 따져보면 부모의 합리적 선택이란 사회 여러 방면에서 복합적으로 얽혀 만들어진 힘의 영향을 받는다. 표면적으로는 부모가 아이와 관계 맺는 방식을 주체적으로 선택하는 것처럼 보이지만 사실 부모의 선택과 결정을 좌우하는 보이지 않는 구조 내에서 제한된 선택을 한다. 20세기 이후 교육에 과학적 원리가 석용되어 객관적 검사와 시험을 통해 개인을 평가하고 서열화하는 장치에 익숙한 부모가 이러한 시스템에 충실한 삶을 살면서 외적 강제 없이도 부모 스스로 주어진 구조에 최적화되었다. 부모는 아이가 이와 같은 장치에 적응하도록 권력을 작동한다.

학습지 광고에 '우리 아이 성적은 엄마 하기 나름이에요'라는 식의 문구가 지속적으로 유통될 때 아이 성적의 책임은 아이보다 부모가 어떻게 지원하느냐에 달려 있다는 메시지를 준다. 여기에 더해 더는 '개천에서 용 나오지 않는다'는 취지의 내용을 담은 특목고 교장 선생님의 강연이 학부모 사이에서 회자되며 담론을 강화한다. 이뿐만이 아니다. 아이를 수학학원에 처음 보내기 위해 레벨 테스트 결과를 상담하는데 선행학습이 안되어 동생 반 아이들과 수업해야 한다며 애매한 눈빛으로 부모를 쳐다본다. 이때 '아이 공부에 내가 너무 무심했나'라는 자책감이 들기도 한다. 성적 향상을 무기로 사교육을 부추기는 광고 문구가 횡행하는 사회에서 부모의 사회적, 경제적 지위에 따라 상급학교 진학률 차이가 나는 통계자료가 쏟아져 나온다. 아이 성적의 책임이 부모에게 있는 것이 진리인 듯 담론이 형성돼 신조어 '엄친아'가 성공적인 삶의 조건으로 인식되기도 한다.

개인을 서열화하는 시험을 통해 사회진출 기회가 주어진다는 것을 아는 부모는 시험을 성공적으로 치르기 위한 규칙을 만들고 스스로 지키려고 한다. 부모에게 자연스럽게 내면화된 습관이 자녀교육에 반영돼 아이도 좋은 성적을 받아 더 좋은 상급 학교에 진학하도록 지도한다. 이 과정에서 자신이 돼 살아갈 기회를 얻지 못한 아이들은 불행하다고 한다. 아이를 심각한 불행으로 내몰면서까지 성적경쟁, 역량경쟁을 시킬 부모는 없을 것이다. 그런데 부모는 아이가 불행해지는 것도, 아이의 사교육에 과도한 비용을 쓰는 것도 원치 않는다면서 왜 자발적으로 학원을 선택하고 학원비를 낼까?

부모는 자녀를 위한 합리적인 교육방침을 선택한다고 생각하지만 권력 관계의 산물일 수 있다는 점을 되짚어봐야 한다. 푸코의 주장처럼 중앙의 감시탑에 있는 감시자는 보이지 않지만 그 감시자가 죄수를 볼 수 있도록 고안된 형태의 원형 감옥인 판옵티콘에 수용된 죄수는 감시받고 있다는 사실을 알기에 스스로 규율을 위반하지 않는다. 이는 사회에도 적용되는데, 학교에서는 시험이라는 장치를 통해 개인이 규율에 순응한다. 아무도 강요하지 않지만 스스로 표준화된 장치를 따르고 있지 않은지 부모가 되돌아봐야 한다. 아이와 부모 모두 조금이나마 숨쉬는 삶을 살기 위해서다. 사회의 보이지 않는 장치에 익숙해진 부모가 자녀에 대한 지배력을 오용할 수 있기 때문이다. 학교 인과표대로 신체를 길들이고 행동을 규범에 따르게 함으로써 개인을 규격화한다면 가정은 어떤 곳인가? 부모와 아이 사이에서 발생하는 권력 관계의 작동 방식에 관심을 두지 않을 때 부모가 아이를 이끄는 것이 아니라 보이지 않는 권력에 순응하는 아이로 길들이는 것은 아닌지 물어봐야 할 때다.

미셸 푸코가 부모에게 들려주는 새로운 시선

보이지 않는 규율에 익숙한 부모의 삶은
아이에게 대물림된다.

온전히 몰입하는 순간
잠재성이 발현된다

내가 만든 '나'라는 작품

살다 보면 세상 모든 행운이 나만 외면하는 것 같은 가혹한 날이 있다. 하루를 살아냈을 뿐인데도 거친 파도에 몸과 마음 성한 데 없이 너덜너덜해진 날, 위태위태하게 견뎌낸 시간 뒤에 고요함이 찾아올 때 잠시나마 자신을 돌아본다. 앞으로 더 단단해지기 위해 스스로 부족한 점을 점검해본다. 자신이 가진 특별한 재능, 학력, 직업, 돈, 권력, 집안, 인맥, 외모, 성실성 등의 조건을 헤집어보고 개인의 노력으로 채울 수 있는 조건을 보충하자고 다짐도 해본다. 개인의 능력을 향상시킬 기회는 열려 있지만 좀처럼 나아지지 않는 현실이 우리가 경험하는 삶이다.

인생에서 부여받은 소건, 겪게 되는 경험의 차이, 우연적인 요소 등이 능력 차이로 이어진다면 개인은 삶을 어떻게 개선할 수 있을까?

그런데 외적으로 측정할 수 있는 개인의 능력을 파악하더라도 그런 정보로 개인의 삶을 예측하지 못하는 경우가 있다. 2021년 도쿄올림픽에 우리나라 대표로 참가한 높이뛰기 선수가 있었다. 그가 이전 대회에서 넘었던 최고 높이는 232센티미터다. 이에 비해 이번 경기에 출전한 선수 중 공식 최고기록은 243센티미터였고 비슷한 기록을 가진 선수도 여럿 있었다. 이런 기록을 바탕으로 높이뛰기 종목에서 우리나라 선수가 메달권에 진입하리라는 상상은 하지 못했다. 물론 올림픽과 같은 큰 무대에서 선수가 느끼는 중압감으로 인해 자신의 기량을 최대한 발휘하지 못하기도 하므로 드물게 이변이 일어나기도 하지만 말이다.

드디어 경기가 시작되고 참가 선수들이 경기에 집중하고 있다. 긴장을 풀고 자신의 기량을 펼치기 위해 선수들 각자 독특한 루틴으로 마음의 평정을 찾는 모습이 인상적이었다. 어떤 선수는 높이 뛰는 순간 선글라스가 벗겨지거나 망가질 것을 알면서도 선글라스를 쓴 채 도전하고 또 다른 선수는 리듬 유지를 위해 관중석의 경쾌한 박수를 유도하는 등 짧은 순간 자신의 기량을 끌어내는 데만 집중했다. 우리나라 선수도 마찬가지였다. 오직 뛰어 날아오르는 데만 집중했고 다행히 자신의 최고기록을 넘었다.

이제 공식 경기에서 한 번도 넘어보지 못한 235센티미터에 도전한다. 높이뛰기 선수에게 1센티미터를 더 뛰어넘는 것은 매우 어렵다고 한다. 최고 기록을 가진 선수들이 하나둘 통과했고 드디어 우리나라 선수가 출발선에 섰다. 이전에 공식적으로 한 번도 날아오른 적이 없는 저 높이를 넘는 기적이 일어나면 좋겠다는 간절한 바람으로 시청했다. 1차 시기를 넘는 순간 높이 걸려 있던 바는 우리나라 선수와 함께 매트 위로 떨어졌다.

잠시 후 2차 시기 도전을 위해 우리나라 선수가 출발선에 섰다. 박수를 유도하며 환히 웃는 모습에서 복잡한 생각이 지어내는 두려움을 딛고 오직 멋지게 날아오르는 데만 자신의 의식을 오롯이 모으는 청년이 보였다. 온몸의 신경과 호흡이 맞춰지는 순간 리듬을 타고 달려가면서 자기 키보다 훨씬 높은 바를 향해 몸을 날렸다. 선수의 몸은 탄성 높은 활처럼 가볍게 휘었고 그 찰나는 우아함으로 가득 채워졌다. 선수는 낙하했고 바는 그대로였다. 이전에 숨 쉬어 보지 못한 새로운 공기층에 우리나라 선수가 진입하는 순간, 그가 만들어낸 자유로움에 전율을 느꼈다. 날아올라 바를 훌쩍 넘는 순간이 지나고 우리나라 선수가 환호하는 모습은 상별했다.

개인 기록이 대회 때마다 달라지는 것은 신체적 컨디션 영향도 있지만 인간의 마음이 빚어내는 결과와도 연관된다. 인간 정신에 대한 과학적 접근이 가능해진 이후 선수들의 기록 향상에서 멘탈 관리는 경기력을 좌우하는 핵심능력이 되었고 훈련을 통해 강화할 수 있는 영역이 되었다. 특히 양궁 종목에서는 활을 들어 쏘는 순간까지 선수의 심장박동 수를 측정해 선수가 심리적 엔트로피를 줄이고 편안한 마음으로 활을 쏘는지의 여부를 지표로 활용한다. 이를 통해 우리가 알 수 있는 것은 자신에게 닥쳐오는 운명의 파도를 탈 때 어떤 조건과 능력을 갖추고 있느냐도 중요하지만 결정적 변수는 인간의 마음에서 찾을 수 있다는 점이다.

칙센트미하이가 말한 인간의 현실을 바꾸는 주도성

미국 시카고대 심리학과 교수 미하이 칙센트미하이[Mihaly Csikszentmihalyi]는 인간 의식의 유연성으로 주어진 외적 조건에서 삶이 개선될 여지가 있다고 보았다. 인간은 부모, 민족, 지역, 시대를 선택해 태어날 수 없다는 점에서 출생과 성장의 많은 부분은 우연적 요소에 의해 결정되며 대부분 개인의 삶이 이러한 요소의 영향을 받는다. 하지만 인간이 현실을 바꾸는 주도성을 발휘하는 존재임을 인정한다면 삶의 질을 결정하는 것은 우리가 하루를 어떻게 보내느냐, 누구를 만나느냐와 같은 경험의 내용과 질에 따라 달라질 가능성이 있다. 그런데 복잡한 일상에서 우리의 의식이 경험 그 자체로 꽉 차는 경우는 드물다.

올림픽 무대에 참가한 선수가 높이뛰기를 하는 결정적인 순간 메달 경쟁을 지나치게 의식하거나 자신을 뒷바라지해준 부모님을 위해 꼭 성공해야 한다고 생각하거나 국민의 기대를 저버리면 안 된다고 생각하거나 그동안의 고생을 이번에 꼭 보상받아야 한다는 생각을 비워내지 못한다면 뛰어 날아오르는 동안 '높이뛰기' 경험으로만 채워지지 못한다. 생각이 만들어낸 추론이 머릿속에서 뒤엉키고 무질서해진다. 긴장감과 중압감으로 몸에 힘이 들어가면 '몸이 새처럼 가볍게 날아오르기'에 에너지 전부를 쏟아부을 수 없을 것이다.

선수가 목적지를 향해 달려나가는 순간, 부차적 감정이 사라지면서 밟아야 할 땅을 밟고 뛰고 딛고 공기를 가르는 것 외에는 아무것도 끼어들지 않는 경험을 통해 내면의 잠재력이 온전히 드러난다. 자신도 몰랐던 능력의 최대치가 구현되는 순간이다. 그 순간이 어떻게 창조됐는지 설명할 수는 없지만 경험 이후에 느껴지는 벅찬 감정, 기쁨, 성취감, 행복감을 선수의 세레모니에서 찾아볼 수 있다.

몰입의 즐거움

칙센트미하이는 예외적으로 나타나는 이 순간을 '몰입 경험'이라고 불렀다. 몰입은 삶이 고조되는 순간, 물 흐르듯 행동이 자연스럽게 이뤄지는 느낌을 표현한다. 몰입은 쉽지 않지만 그렇다고 지나치게 버겁지 않은 과제를 극복하는 데 자신의 모든 실력을 쏟아내는 순간을 말한다.

삶을 훌륭히 가꿔주는 것은 행복감이 아니라 깊이 빠져드는 몰입이다. 몰입된 동안 우리는 행복감을 느끼지 못한다. 행복을 느끼기 위해서는 내면 상태에 관심을 기울여야 하고 그러다 보면 정작 눈앞의 일을 소홀히 다루기 때문이다.

우리의 일과에서 시간을 어떻게 배분하느냐도 중요하지만 경험의 질도 중요하다. 아이들이 자라는 과정도 경험으로 채워진다. 부모는 할 수 있다면 내 아이가 긍정적으로 성장하는 과정이 되도록 경험의 내용을 구성하고 시간을 배분하고자 한다. 행복한 경험을 통해 자신감을 키우고 긍정적 정서로 살아가길 바란다. 그래서 부정적 감정을 느낄 상황을 통제할 수만 있다면 적극적으로 개입하려고 한다. 하지만 부모의 이런 시도는 아이의 몰입 경험을 방해하기도 한다.

큰아이는 여섯 살 무렵 퍼즐 맞추기를 좋아했다. 어릴 때 여덟 조각부터 시작된 퍼즐 맞추기 놀이의 조각 수는 점점 늘어났고 그런 만큼 아이가 퍼즐 조각을 들고 고민하는 시간도 늘어났다. 아이가 퍼즐을 맞추기 위해 끙끙대는 모습을 보면 나는 조금 지켜보다가 안쓰러운 마음에 어느새 힌트를 줘 아이가 성취감을 느끼도록 도와주고는 했다. 큰아이가 하던 놀이를 지켜보던 작은아이인 딸도 어느새 퍼즐 놀이를 하게 됐고 간단한 모양을 맞추기 시작했다. 그런데 예상치 못한 갈등이 생겼다. 평소 동생의 놀이에 무관심하던 큰아이가 동생이 퍼즐 조각을 들고 어디에 갖다 놓을지 고민하면 손에 쥔 퍼즐 조각을 빼앗아 놓아야 할 위치에 보란 듯이 재빨리 갖다 놨다. 오빠의 도움이 반복되자 처음에는 가만히 있던 동생이 손에 쥔 조각을 내놓지 않으려고 했다. 큰아이는 "오빠가 해줄게"라며 싫다는 동생 손을 억지로 붙잡아 그 조각이 놓여야 할 위치에 내려놓는 심술을 부렸다. 그러면 작은애는 울며 내게 달려왔다. 큰아이는 동생을 도와주려고 했다는데 정작 동생은 자기 놀이를 오빠가 방해한다고 생각한 것이다.

이 갈등을 통해 내가 큰아이에게 했던 개입 행동의 의미를 분명히 알게 되었다. 큰아이는 엄마로부터, 동생은 오빠로부터 퍼즐 세계에서 온전히 놀이하는 기회를 빼앗긴 것이다. 유아들의 퍼즐 놀이는 모양을 완성하는 것이 목적이 아니다. 말 그대로 하고 싶어 이리저리 끼워 맞추는 놀이를 하다 보면 '완성된 모양'이라는 겉껍기 ㄴㅣㄹ 뿐이고 그 결과물을 사기 힘으로 만든 후 성취감, 기쁨, 행복을 느낀다. 아이들은 혼자 퍼즐 조각을 맞추는 동안 내가 지금 행복한 것인지, 정해진 시간 동안 완성할 능력이 있는지 문제 삼지 않는다. 모호한 상태에서 자신이 상상하는 모양을 구현하기 위해 미간을 찌푸리거나 입술을 쭉 내민 채 계속 진행할 뿐이다.

뭔가를 창조하기 위해 적극적으로 상상하고 다양한 순서와 방법으로 구현을 반복하던 아이는 드디어 엄마를 부른다. 엄마가 등장해야 할 순간이다. 뿌듯함과 의기양양함을 장착한 아이를 응원하고 격려하기 위해 엄마에게 필요한 것은 스피드와 진정성이다. 열 일 제쳐놓고 달려가 물개박수를 쳐야 한다. 몰입 경험 후 찾아오는 그 기쁨을 함께 나눌 수 있는 영광을 엄마에게 선물하는 순간이다. 지금이 정말 좋은 순간이다.

몰입 경험 이후 찾아오는 행복감

아이의 잠재력은 아무 눈치도 보지 않고 상상력을 펼치고 활동해 새로운 세계를 생성하는 경험을 통해 드러난다. 지루하다면, 더는 궁금하지 않다면, 모양이 제대로 맞춰지지 않아 힘들다면, 아이는 스스로 퍼즐 맞추기를 그만둘 것이다. 자기 힘으로 펼쳐내는 세상에서 삶이 고조되고 그 흐름에 몸을 맡기는 동안 세계와 아이는 하나가 된다.

　이런 몰입 경험을 통해 아이는 활동이 끝난 후 행복감을 느
낀다. 부모가 아이의 놀이에 개입하는 순간 아이의 흐름은 끊기
고 생성에너지는 빛을 잃는다. 부모의 관점에서 아이의 활동에
의미를 부여하고 개입하는 것을 멈춰야 할 지점이다.

미하이 칙센트미하이가 부모에게 들려주는 새로운 시선

　　자녀가 뭔가를 할 때 부모가 할 수 있는 최선은
　　　　끼어들지 않는 것이다.

Chapter 2

자녀에게 아파트만
물려줄 수 있는 것은
아니다

가장 큰 자산, 품위 있는 아비투스 만들기

지적 아비투스

몇 년 전 조정래 소설《풀꽃도 꽃이다》두 권을 빛의 속도로 읽은 기억이 있다. 내게 재미 이상의 공감을 준 책이었다. 일류 대학, 사교육, 불공정 등으로 빚어지는 아픈 이야기를 통해 우리 어른들 특히 부모와 교사가 아이들의 아픔에 어떤 방식으로 기여하는지 볼 수 있었다. 그 책에는 '아픈 그 아이가 어쩌면 조금 전 학원 다녀오겠다며 아무렇지 않은 모습으로 나간 내 아이일지도…'라는 생각으로 우리의 관심을 돌려놓는 힘이 있었다.

내용 중 중학생 아이가 죽어버리고 싶은 마음에 자살 사이

드에 올리려고 쓴 글의 일부에는 임마는 죽어도 생각을 마꾸시
않으므로 내가 죽을 수밖에 없다고 쓰여 있다. 엄마는 자신을
볼 때마다 "공부해!" "다른 생각 말고 공부해" "언제 공부할 거
니?" 이런 공부, 공부, 공부, 공부에 대한 말밖에 하지 않는다고
했다. 엄마는 명문대 나와야 떵떵거리며 부자로 산다고도 덧붙
였다는 것이다.

여느 사람들이 보면 '요즘 명문대 나왔다고 누가 우러러보
나? 시대에 뒤떨어졌어'라고 생각할 수도 있다. 그런데 성적의
중요성을 아무리 강조해도 내 아이의 학습 태도에 별 변화가 없
고 시간만 흘러간다면 부모의 마음은 조급해진다. 그러다 보면
아이를 각성시킬 수 있는 원색적인 표현을 더 자주 한다. 그런
데 부모는 자신이 저런 말들을 쏟아내고 있는지조차 모른다.

사회생활을 하면서 명문대 졸업의 위력을 실감한 부모 세대
는 일류대학 입학을 지위 상승의 유일한 사다리로 인식했다. 이
는 과도한 교육열로 나타났다. 대학 레벨을 하나라도 올리기 위
해 부모는 전략가가 된다. 상급학교 진학과 취업이 무엇보다 중
요하기에 아이의 진학을 위해 부모가 최선을 다해 지원하는 것
은 잘못도 아니고 비난받을 일도 아니다. 다만 무엇을 어떻게
지원하느냐에 따라 오히려 비교육적일 수 있다는 부모의 인식
이 필요하다.

소설 속 엄마는 최선을 다해 아이의 앞날을 준비해주는데 아이에게는 오히려 비교육적인 메시지로 전해져 죽고 싶을 만큼 괴로운 상황으로 둔갑한다. '행복은 성적순이 아니잖아요'를 외쳐야 했던 20세기 말을 훌쩍 뛰어넘어 21세기에도 여전히 우리가 겪고 있는 문제이기에 질문해야만 한다. 청소년기가 방황과 갈등을 겪는 시기라고 하더라도 부모의 비교육적인 행위로 고통을 더하고 있다면 이런 상황을 바꿀 여지가 우리 부모에게 있기 때문이다.

경제적 아비투스

결과적으로 자신이 원하는 대학에 가는 아이는 소수다. 이 소설이 나온 해에 '서울대 입학, 학생 잠재력보다 부모 소득이 좌우'라는 기사가 실렸다. 서울대 경제학부 김세직, 류근관 교수가 서울대 경제연구소의 경제논집 최근호에 발표한 〈학생 잠재력인가? 부모 경제력인가?〉라는 제목의 논문에 근거한 내용이었다.

두 교수는 서울 강남구 고등학생의 서울대 합격률(최초 합격자 기준)이 강북구의 21배, 서울지역 외고, 과학고는 일반고의 15~65배에 달한다는 연구 결과를 2014년에 발표했다. 〈학생 잠재력인가? 부모 경제력인가?〉는 후속 연구였다. 이 논문에 따르면 합격률 사이의 80~90퍼센트는 부모의 경제력에 따른 '치장'으로 설명되며 일부 계층, 학교, 지역에 서울대 합격자가 쏠리는 것은 이와 같은 결과가 반영된 것이다.

입시제도가 복잡해질수록 맞춤형 입시 코디네이터의 개입과 사교육 시장 경쟁을 선점하는 부모의 아이들이 입시 경쟁에서 유리하다는 것을 주변에서 쉽게 볼 수 있다. 교육 기회의 공정이 화두가 된 시대에 경제적으로 풍요할수록 더 좋은 성적을 받고 유리한 조건에서 상급학교로 진학하는 현상을 어떻게 설명할 수 있을까? 단지 대치동 학원에서 사교육을 더 많이 받는 것이 성적 향상과 직결된다고 보기는 어렵다. 보이지 않는 어떤 요인이 부모 경제력과 아이 학력의 연결고리가 되는 것일까?

문화적 아비투스

피에르 브루디외Pierre Bourdieu는 자본을 경제적, 사회적, 문화적, 상징적 형태로 나누고 사회적, 문화적 자본을 통해 지배계층의 경제자본이 영향력을 발휘한다고 보았다. 그중에서도 문화자본을 중요하게 다룬다. 인간은 태어나 각자 다른 조건에서 성장하고 이에 따라 사람마다 구별되는 취향이나 성향체계를 형성하는데 이를 아비투스Habitus라고 한다.

예를 들어 상류계층은 그들이 공유하는 체화된 지식, 취미,

언어습관, 스포츠 등을 일상적으로 소비하고 이를 함께 누리는 자녀도 상류계층 문화를 자연스럽게 체득한다. 그런데 경제력이 대물림되는 것에 비해 문화자본의 상속은 잘 드러나지 않기 때문에 아이의 정당한 능력으로 인식되기도 한다. 그렇다면 문화자본 상속과 교육적 성취는 어떻게 연결되는가?

지배계층의 지식과 문화가 성공적인 삶의 표준적 아비투스로 작동한다면 이미 이런 문화에 익숙한 자녀가 결과적으로 학교생활에 더 잘 적응하고 우수한 성적을 받는 데 유리하다. 가족의 독서 수준, 신념, 자산관리 방식, 취미, 언어습관, 매너, 여행, 끈기, 책임감 등이 개인의 성장에 영향을 미친다.

학생이 가정에서 형성한 아비투스에 따라 교실 내에서 불공정한 게임이 진행된다는 브루디외의 시선에서 경제자본이 문화자본을 통해 교육격차를 심화시키는 경로를 포착한다. 이는 부모의 경제력에 따른 입학률 추이를 설명하는 하나의 단서가 된다. 부모의 경제력으로 누릴 수 있는 문화적 양식을 체화한 아이들이 더 유리한 위치에서 교육받을 수 있기 때문이다.

개인이 어떤 사회적 관계에서 성장했는지가 그의 태도, 능력과 깊이 연관된다는 점에서 아비투스 자본이 삶의 기회와 계층에 영향을 미친다고 보는 관점은 설득력 있다. 그런데 교육 불평등을 심화시키는 자본으로 아비투스를 한정함으로써 부모의 현재 계층이 아이의 삶의 질을 결정한다고 절망하기에는 이르다. 개인이 체득한 아비투스와 성공적인 사회생활을 하는 데 유리한 아비투스 사이에 어떤 차이가 있는지를 파악하게 되면 자기 스스로 아비투스를 변화시킬 수 있다는 점에서다. 부모에게 형성된 아비투스를 돌아보고 원하는 방향으로 변화시킬 수 있는 정보와 기회가 열린 사회로 변모했기 때문이다.

과거 사회에서는 상류층 문화가 다른 계층의 문화와 양분되는 경향이 있었다. 승마, 수영, 테니스, 아이스하키가 상류층이 즐기는 스포츠로 인식됐다면 럭비, 권투, 축구는 노동자가 즐기는 스포츠로 인식된 적도 있다. 하지만 특정 계층에 귀속됐던 문화 예술이 대중에 개방되면서 사회적 인식은 변하고 있다.

한 개인이 래퍼의 음악을 즐긴다고 클래식을 즐겨 듣는 사람보다 취향 수준이 낮은 것으로 규정하지는 않는다. 클래식과 대중문화, 순수예술과 대중예술로 이분화해 가치를 부여하거나 경계를 짓는 것은 무의미하다. 이제는 누구라도 원하는 장르의 문화에 다양한 방식으로 접근할 수 있기 때문이다. 누군가 에미넴의 랩을 흥얼거리다가도 기분이 그렇지 않을 때 오펜바흐의 곡 〈재클린의 눈물〉을 음원으로 듣는 것은 전혀 이상하지 않다.

유년 시절에 듣고 보고 경험하지 못했더라도 부모가 원한다면 다른 세계를 둘러볼 기회는 얼마든지 있다. 품위 있는 아비투스를 체화하려면 시간과 노력이 필요하지만 내 아이에게 물려줄 값진 유산으로 인식한다면 부모의 태도 변화는 적극적일 수 있다. 사교육에 대한 정보와 실천력이 중요한 만큼 아이가 형성할 아비투스에 관심을 가지고 실행하는 것도 중요하기 때문이다.

21세기 '금수저, 흙수저론'이 근거 없다고 할 만한 자료를 찾기 어려운 시대다. 초등학생부터 수저 계급론 관점에서 자신의 미래를 추정하고 한계를 짓는다. 금수저를 물고 태어나게 해주지 못한 부모는 미안할 때가 있다. 미안한 정도가 아니라 아이와 수평적 관계를 맺기 어려울 때도 있다.

어떤 때에는 아이에게 인생의 선배로서 노력하는 자세의 중요성을 당당히 말해주기가 쉽지 않다. 이런 대화조차 '노오력'이라는 신조어로 웃음거리가 될 수 있기 때문이다. 아무리 노력해도 계층 상승은커녕 계층 유지도 하기 어려운 현실에서 부모가 노력하면 안 될 것이 없다는 태도로 일관한다면 '노력충'이라는 혐오적인 존재로 전락할 수도 있기 때문이다.

아비투스에 날개를 달아주자

형편이 좋은 아이들을 한눈에 알아볼 수 있는 세상이다. 돈이라곤 한 푼도 제 손으로 벌어본 적 없는 아이가 명품을 휘감은 인스타 사진을 딸아이가 친구라며 보여준다. 부모는 어떻게 반응할 수 있을까? 부모 덕분에 생각 없이 편하게 사는 한심한 아이로 몰고 갈 것인지, 빈부격차가 심해진 세상 탓만 할 것인지, 그것도 아니면 내 아이만 기죽을 수는 없으니 무리해서라도 장만해줘야 할 것인지 등을 선택할 수 있다. 하지만 다른 선택지도 있다. 부모로서 방어적일 필요 없이 보이는 그대로 포착되는 사실을 공유할 수도 있다.

"경제적으로 풍족한 친구네."

아이의 사교육을 위해 대치동에 터를 잡아 정보의 최일선에서 아이의 성적 향상에 필요한 전략을 짜는 부모, 계획한 학습 스케줄을 무리 없이 소화하도록 식사, 간식, 영양제, 운동까지 효율적으로 관리하는 부모, 친구 관계와 아이의 취향까지 개입하며 일과를 디자인하는 부모의 교육열과 정성은 대단하다. 자녀를 위해 헌신하는 삶이다. 다만 나는 시들어도 아이만 활짝 피면 된다는 맹목적인 교육열은 자칫 부모뿐만 아니라 아이까지 시들게 할 수 있다. 부모가 자녀에게 물려줄 수 있는 것은 명문대 입학만이 아닐지도 모른다. 함께 생활하면서 품위 있는 아비투스를 물려줄 수도 있다.

최선을 다해 오늘을 살아낸 부모에게 묻는다. 부모가 '부'를 물려줄 수 없으면 아무것도 물려줄 수 없는 것일까? 오늘만큼은 치열함을 내려놓고 우리가 물려줄 수 있는 품위 있는 아비투스는 무엇인지 생각해봤으면 좋겠다.

피에르 브루디외가 부모에게 들려주는 새로운 시선

품위 있는 아비투스는 자녀 인생의 강력한 자산이다.

교과서로 공부한 세상과
현실은 다르다

경험이 갖는 의미

요즘 아이들은 대부분 대학가는 데 필요한 활동을 제외한 나머지 일을 뒤로 미루고는 한다. 아이들은 입시 준비에 자신의 최대치 능력을 쏟아붓다 보면 막상 학업 외의 경험에는 시간을 쓸 여력이 없다. 일상화된 이런 현상에 관해 깊이 생각하게 된다. 제 나이에 겪고 풀어내야 할 자연스러운 경험을 피하게 도와주는 것이 부모의 마땅한 역할로 생각할 때 빚어지는 비교육적인 측면 때문이다.

아무리 사소한 일도 아이가 '생각만' 하는 것과 실제로 '해보는 것'은 질적으로 전혀 다르다.

청소년기에 어떤 경험을 하느냐에 따라 삶의 질이 달라질 가능성이 크다. 20세기 말을 경쟁적으로 살아온 부모는 아동 청소년기의 자녀가 우선 해결해야 할 과제를 무엇이라고 생각할까? 부모의 생각에 다소 차이는 있겠지만 생활에 필요한 경험은 학업이 끝난 후에 언제라도 해볼 수 있다는 의견이 다수다.

지금은 우리 아이의 미래를 준비해야 할 때다. 입시 준비라는 명분 때문에 제 나이에 겪고 풀어야 할 과제를 부모가 대신 해결해줄 때 우리 아이에게 어떤 일이 일어날까?

존 듀이John Dewey의 가르침을 통해 아이들의 성장 과정에서 경험이 갖는 의미를 찾아보자.

경험의 재구성으로 아이는 성장한다

교육을 미래에 대한 준비로 보는 관점에서는 아이를 사회 진입 대기 상태의 존재로 본다. 이와 유사한 논리를 성인에게 적용하면 성인의 삶은 저세상에 가기 위해 준비하는 대기 상태와 다르지 않다. 아이가 훌륭한 성인기를 준비하기 위해 살고 성인이 된 후에는 더 나은 내일을 준비하기 위해 산다면 우리가 제대로 사는 날은 언제인가?

준비를 위한 교육 관점에서는 완전한 인간이 되지 않는 한, '자기로서' 인생을 살 자격이 주어지지 않는다. 미흡한 부분을 채워나가는 것이 교육이고 삶이 된다. 고정된 목표나 표준을 달성하려는 교육은 현재보다 미래에 초점을 두게 돼 아이의 개별성이 반영된 능동적인 성장 기회를 제한한다. 아이들에게 막연한 미래는 긴박성과 구체성이 느껴지지 않으므로 성장에 필요한 추진력을 잃기 때문이다.

교육을 통해 미래를 살아갈 힘을 기른다는 점을 부정하는 것이 아니다. 미래의 요건을 갖추는 데 교육의 초점이 맞춰지면 현재의 풍요로운 경험을 제한하는 실수를 초래한다. 현재와 미래를 분절적으로 파악하지 않고 현재의 경험에 충실한 것 자체가 미래의 문제를 해결하는 힘을 기를 수 있다는 것을 강조하는 것이다. 교육의 목적이 '성장^{Growth}', 그 자체라면 아이들이 성장하도록 이끄는 힘은 무엇일까? 바로 '경험^{Experience}'이다. 즉, '해보는 것'.

듀이는 경험을 단순한 신체적 동작과 구별했다. 어떤 아이가 물이 끓는 전기 포트에서 나오는 수증기가 신기해 자기 손을 수증기 속에 집어넣는 행위 자체는 경험과 구분되는 단순 동작이다. 그 동작의 결과가 아이가 당하는 고통과 연결될 때 경험이 된다. 뜨거운 수증기에 손가락을 집어넣으면 화상을 입는다는 것을 인식하면 아이에게는 이후 뜨거운 수증기에 손을 넣지 않는 행동 변화가 생긴다.

우리가 하려는 것과 그 결과로 일어나는 것의 관련성을 파악해 세상이 어떻게 돼 있는지를 풀어나가는 활동이 경험을 통해 일어나는 변화다. 여기에는 반성적 사고^{Reflective Thinking} 작용이 함께 일어난다. '마구잡이로 해보는 것'과 달리 활동과 결과의 관계를 포착하려는 경험이 쌓이면 뒤따라오는 경험에는 질적 변화가 생긴다. 계속되는 경험의 재구성을 통해 인간은 성장한다. 해보는 것은 아이들이 일상에서 느끼는 흥미와 관심, 필요로부터 출발한다는 점에서 삶과 교육이 분리되지 않는 효과적인 방법이다.

청소년기에도 경험이 중요하다

인공지능 시대가 되면서 이런 관점을 반영해 우리나라 유아교육 현장도 빠르게 변하고 있다. 영·유아 경험의 중요성을 교육과정에 반영한 〈2019 개정 누리 과정〉의 취지도 유아들의 삶에서 일상적으로 일어나는 놀이경험을 통해 성장하는 것을 주요 골자로 하고 있다.

기존 교육과정에서는 목표와 내용이 세분된 지침으로 제시돼 교사가 아이들의 활동에 빈번히 개입하게 된다. 이는 아이의 자유로운 놀이를 방해하는 역효과를 초래하기도 했다. 목표 달성을 위한 놀이활동에서는 풍부한 상상력과 문제에 접근하는 다양한 경로를 관찰해 오히려 아이들의 흥미와 관심을 온전히 풀기에는 역부족이었다. 이런 단점을 극복하기 위해 놀이에 진심인 아이들이 자율적으로 주도하는 과정에서 활동과 결과의 관계를 알아채고 뒤따르는 경험의 질적인 변화로 연결되도록 했다.

영·유아 주도의 경험 중심으로 변화하듯이 최근의 초·중등에서도 학습자의 경험을 존중하는 교육이 다양한 형태로 시도되고 있다. 그런데 아동 청소년기 자녀를 둔 부모는 이 시기의 아이들에게는 학습 경험이 우선이라고 여전히 생각한다. 아이들이 경험으로부터 소외될 때 삶과 분리된 허구적 지식을 형성해 문제해결 능력이 떨어질 수 있다는 것을 모르는 것은 아니다. 현재 다뤄야 할 문제는 제쳐둔 채 현실성 없는 서사를 암기하고 기계적으로 반복해 타성에 젖을 우려가 있다는 것도 알고 있다. 그러면서도 한편으로 아이의 삶에서 경험이 제한되더라도 미래를 위해 어쩔 수 없다는 생각이 들어 씁쓸하기도 하다.

경험에는 실패가 없다

아이가 성장하는 데 경험이 어떤 앎을 구성하는지 예를 들어보자. 매일 해가 뜨고 진다. 해가 동쪽에서 떠 서쪽으로 지는 자연 현상으로 우리는 아침을 맞고 밤의 세계를 산다. 아침과

밤이 오는 원리를 지구와 태양의 물리적 관계에서 규명하는 내용은 과학에서 다루고 해가 뜨는 현상을 묘사하거나 이때 느끼는 감정은 문학과 예술에서 다룬다. 해가 뜨는 현상을 다양한 방식으로 표현하는 것은 음악, 미술, 체육 시간이다. 학교에서 학습함으로써 해가 뜨는 현상을 여러 방면에서 생각해볼 기회가 주어진다. 하지만 '해가 뜨는 것에 관한 생각'으로는 내 삶의 변화를 경험할 수 없다.

생각만 하는 데서 한 걸음 나아간 간접 경험은 어떨까? 새해 해맞이 광경을 편안하고 따뜻한 집에서 영상으로 구경한다면 '해가 뜨는 것을 보다'라는 사실은 같지만 실제로 본 것과는 전혀 다른 경험일 수 있다. 그렇다면 직접 경험은 어떨까?

매서운 바깥 공기에 서 있노라면 잔뜩 움츠린 내 온몸의 세포가 온통 긴장한 상태로 오직 한곳에만 관심을 두고 기다린다. 바닷바람이 너무 추워 핸드폰마저 먹통이 될 정도다. 새해 해맞이는 개고생이라는 생각도 들지만 동해 해변에서 인생 과제를 기어코 해내고 싶다. '이왕 왔으니 기다려보자'라고 마음먹는다. 어스름한 하늘이 처연한 빛으로 서서히 물들기 시작하지만 해는 좀처럼 모습을 드러내지 않는다. 일출 예정시간이 거의 다 돼 간다. 해가 모습을 드러내는 그 최초의 순간부터 포착하고 싶다. 아무 일도 아닌데 그 순간을 놓칠까 봐 주의를 기울인

디. 그 금빛 새싱이 밝아오더니 붉게 붉는 수병선 한가운데 점처럼 해의 일부가 보이기 시작한다. 누군가 "어, 해다!"라고 외치자 주위 사람들이 술렁이는 것도 잠시, 그 많은 인파가 일순간 조용해진다.

고요함 가운데 해의 실체가 보이기 시작하면서 처연한 감동이 가슴 밑바닥에서 뭉근히 올라온다. 수평선 너머에 아무 미련도 남기지 않은 것처럼 단호하고 의연하게 그 찬란함을 드러낸다. 해의 일부가 보이기 시작한 순간부터 온전한 모습이 보일 때까지 정말 거침없이 떠오른다. 생각보다 빠르게 떠오른다. 이 장관 앞에서 "아!" 탄성이 절로 나오는 경험을 하는 것은 집 안에서 영상으로 보는 것과는 차원이 다르다.

자신이 직접 해보는 경험의 세계는 생각해보거나 간접경험하는 것과는 질적으로 다른 배움이라는 점이 제대로 드러났을까? 경험은 단순히 행동한다는 뜻보다 삶의 변화가 일어나는 체험적인 앎의 세계다. 해맞이 행동을 묘사하자면 '바닷가에 나가 떠오르는 해를 눈으로 보았다'에 그친다.

이런 서술은 그 행동으로 인해 일어난 변화를 제대로 설명하지 못한다. 해맞이라는 행동(실험)의 결과로 느낀 경이로움(당하는 것)은 이전 세계와는 다른 세계로 이끌기 때문이다. 세상이 밝아진다는 것, 희망차다는 것, 살아 있다는 것, 또 살아가야 한다는 것을 새로 경험한다. 이 경험으로 내면이 차오르고 어제는 미처 알지 못했던 순간을 경험한다.

경험하는 아이가 길을 만든다

어린 시절부터 아이들이 일상에서 겪어내야 할 경험을 제한하면 자신이 살아가는 세계와의 관계를 파악하는 데 어려움을 겪는다. 구체적인 맥락을 찾지 못한 지식교육으로는 삶에서 일어나는 문제를 스스로 해결하는 방법을 연습하지 못한다. 아이가 살아가는 세계는 완결되지 않았기 때문에 풀어야 할 문제의 상황에 직면하고 이를 해결하기 위해 기존 경험을 재구성하는 능동성을 발휘해야 한다.

인생살이를 구경하는 데만 익숙한 아이에게 언젠가는 온몸으로 살아내야 하는 현실은 버겁다. 입시 준비에 필요한 스펙을 갖추기에도 빠듯한 시간이다 보니 그나마 참여하는 아이들의 활동이 시늉에 그치기도 한다. 이럴 때 현실적으로 그럴 수밖에 없다고 부모가 먼저 합리화한다면 아이들은 무엇을 배울까? 활동의 전 과정에서 책임 있게 주도하는 경험을 통해 아이가 성장하도록 격려하는 부모의 지원이 필요하다.

입시 준비만으로도 벅찬 아이를 바라보는 부모는 무거운 짐을 조금이라도 대신 들어주고 싶은 심정일 것이다. 하지만 부모가 아이에게 물려줄 수 있는 것이 무엇인지 냉정히 돌아봐야 한다. 오늘은 우리 아이가 제 삶을 구경하는 것이 아니라 직접 경험하는 기회를 물려주는 것이 어떨지 생각해보는 날이면 좋겠다.

성장은 경험의 재구성이다.

부모에게 찾아온 고통에 "왜"라고 물을 수 있을까

부모란 어떤 존재인가

2010년에 상영된 영화 〈더 로드〉는 보는 이에게 충격 그 자체였다. 섬광과 함께 세상이 잿더미로 변하고 동·식물도 곡식도 연료도 사라진 땅에서 일곱 살 아들을 살리기 위해 사투를 벌이는 아버지의 모습이 그려진다. 폐허가 된 세계에서 그동안 '문명인'에서는 쉽게 발견할 수 없던 극단적인 동물적 본능이 드러난다.

약육강식의 논리로 식인행위가 자행되는 아비규환 속에서 아들을 지키기 위한 아버지의 사투를 그린 이 영화를 통해 인간이기 전에 부모가 짊어진 운명의 고통을 목격했다. 이름조차 나오지 않는 아버지와 엄마의 선택을 부모의 관점에서 생각하게 된다. 세상이 아무리 절망적이더라도 아이와 함께 할 수만 있다면 부모는 삶에 대한 손익계산 없이 묵묵히 걸어가기를 선택할 수 있을까?

누군가 왜 걷느냐고 묻는다면 자본주의 관점에서는 설명할 근거가 없다. 사는 것이 이득인지, 차라리 생을 끝내는 것이 이득인지 명확한 자료에 근거해 선택할 수 없기 때문이다. 기쁨, 즐거움, 노력에 합당한 보상, 기본적인 도덕조차 무너진 고통스러운 세상에서 왜 살아남으려고 할까? 아니, 부모는 무엇을 위해 살아야 할까?

극한 상황에서도 내 삶을 선택할 자유

전쟁의 아비규환 속에서 죽음과 좌절을 온몸으로 겪어내면서도 살기를 선택했던 실존 인물 빅터 프랭클^{Viktor Emil Frankl}에게 이 문제를 물어보려고 한다. 아우슈비츠 수용소 생활의 고통 속에서 죽지 않고 왜 살아남았냐고. 그런데 그는 우리에게 질문 자체가 틀렸다고 말한다. 인간인 이상 왜 사는지는 대답할 수 없고 다만 어떻게 살았는지만 말할 수 있다고.

제2차 세계대전 중 정신과 의사였던 그는 유대인이라는 이유만으로 수감되었다. 지금까지 누구로 살아왔는지와 상관없이 수용소 입구에 도착하면 여자와 남자로 분류된 후 나치 장교의 엄지 방향으로 삶과 죽음을 결정받기 위해 줄을 선다. 이런 일이 왜 내게 일어나는지 분노할 겨를도 없이 운명의 파도를 맞을 수밖에 없다. 기차에 함께 실려 온 유대인 중 90퍼센트는 하나씩 나눠주는 비누를 들고 영문도 모른 채 목욕탕이라고 적힌 가스실로 들어간다. 그나마 다행이라고 해야 할지 살아남은 나머지 사람들은 소지품, 입고 있던 옷, 심지어 몸의 털까지 모두 빼앗긴 채 벌거벗은 몸뚱이 외에는 아무것도 가진 것 없는 처지로 샤워실로 간다. 그리고 노동할 수 없게 되어 처형되는 순간까지 철저히 인권을 유린당하며 하루하루를 살아낸다.

이 이야기는 소설이 아니라 프랭클이 몸소 겪은 현실이다. 죽고 싶어도 죽지만 않으면 그는 실존한다. 죽지 않은 한, 살아남기 위해 애쓴다. 불안과 무기력으로 아무것도 할 수 없더라도 그 순간마저 살기 위해 버틴다. 아무 희망도 없는 수용소에서조차 인간은 노래를 부르고 춤을 추고 연주하고 유머를 나누고 공상하고 해지는 풍경에 매료되기도 한다. 자신의 삶이 왜 기만당하고 있는지, 얼마나 불공평한지 분석한다고 살아지는 것이 아니라 고통스러운 상황에서도 인간다움에 충실할수록 살아내게 된다.

삶의 물음에 답하라

이러한 고통을 견뎌낸 프랭클은 우리에게 매 순간 삶이 던지는 질문에 답해야 한다고 말한다. 이는 주어진 상황에 이끌려 간다는 것이 아니라 주어진 상황에서 자신의 태도를 선택할 수 있다는 뜻이다. 나치 친위대원이었지만 자신의 주머니를 털어 수감자에게 정기적으로 약을 사준 사람이 있는 반면, 자신도 수감자이면서 동료 수감자를 끔찍하게 괴롭힌 사람도 있었다는 사실을 통해서도 알 수 있다. 인간은 상황의 영향을 받지만 상황에 지배당하는 존재가 아니라는 점에서 인간에게는 태도를 선택할 자유가 생긴다.

영화 장면 가운데 어수선한 세상에서 수단과 방법을 가리지 않는 무법자가 되어 강도, 약탈, 살인을 자행하며 살길을 선택한 사람, 어차피 고통스럽게 죽을 운명이라는 사실에 압도돼 스스로 죽음을 선택하는 사람, 고난과 절망으로 가득 찬 세상에서 살아야만 하는 이유를 찾고 온몸으로 고통을 겪어내길 선택하는 사람도 있다. 어쩌면 무한경쟁 논리로 적자생존이 판치는 우리의 현실과 닮았다. 현실에서도 살아남은 자가 살아남기 위해 살아남은 자들을 공격하는 경우를 볼 수 있기 때문이다.

먹을 것이 없는 세상에서 살아남기 위해 어떻게 할지는 개인의 내적 선택의 결과다. 폐허가 된 세상이 개인의 행동을 만드는 것이 아니라 인간은 폐허가 된 세상에서 자신을 드러내는 방식을 선택하기 때문이다.

식인 무법자 무리로부터 아들을 지키기 위한 아버지의 모습에서 비본질적인 것은 녹아내리고 아버지 자신이 어떤 사람인지가 드러난다. 아들과 자신이 죽을지도 모르는 위기 상황에서 강도가 아버지에게 직업이 의사냐고 묻자 "나는 아무것도 아니다"라고 답한다. 더는 외적 배경으로 규정되는 존재가 아니다.

아이의 생명을 지키는 것 외에 부차적인 관념이 녹아 사라진 온전한 자기로 살아 있는 순간이다. 실존의 순간이다. 삶의 물음에 답하는 순간이다.

존엄성은 어떤 의미인가

우리가 현대를 살아가면서 가장 큰 공포를 느끼는 지점은 어쩌면 바로 이 지점, 아무것도 아닌 사람이 되는 상황이다. 특히 부모는 내 아이가 아무것도 아닌 사람이 될까 봐 두렵다. 사회적으로 번듯한 직업을 갖지 못한다면, 자립하지 못한다면, 돈을 못 번다면 내 소중한 아이가 쓸모없는 사람으로 취급받을까 봐 두렵다.

인간을 '쓸모'의 관점에서 이해하는 태도를 우리는 생각해 본 적이 있는가? 영화에서처럼 식량이 없는 시대에 쓸모의 관점에서 인간을 이해한다면 우선 먹고살기 위해 인간 사육과 사육이 일어날지도 모른다. 이런 상황을 인간의 존엄성이 무너졌다고 표현한다.

존엄성은 어떤 의미인가? 인간이 살아가는 데 필요한 물질에는 값이 매겨지고 비슷한 가치끼리 언제든지 대체될 수 있다. 하지만 세상에는 값을 매길 수 없는 것들이 있다. 인간의 생명이 그것이다.

인간의 생명은 어떤 경우에도 대체될 수 없는 존엄성이 있다. 인간은 생명 그 자체로 존엄한 존재이므로 '쓸모'의 관점에서 파악하면 안 된다. 아무 보상이 없더라도 존엄성을 지키려는 삶이 인간다운 삶이다.

자문하고 대답할 기회 주기

'쓸모'의 관점에서 인간을 이해하는 부모가 자녀에게 물려줄 수 있는 삶의 태도는 이해득실에 따라 사는 태도가 될 소지가 크다. 임의적 기준에 의해 쓸모 있는 사람과 그렇지 못한 사람을 구별해 사람의 가치를 매긴다. 그런데 문제는 상황에 따라 그 기준이 바뀐다는 것이다. 일상에서 육체노동보다 정신노동 직업을 선호하지만 아우슈비츠 수용소에서는 정신노동자의 생존이 맨 먼저 위협받는다. 노동력을 제공할 수 있는 쓸모에 기대어 인간의 생명에 가치를 두기 때문이다. 이해득실에 따라 삶을 통제할 수 있는 권한이 인간에게 온전히 주어지지 않는다.

손실이나 고통이 발생하지 않도록 자신의 삶을 통제할 수 있다고 믿는 부모가 예외적인 상황에 놓이면 왜 이런 일이 벌어졌는지 수긍하기 어렵다. 손실의 원인이 인과적으로 설명되지 않을 때, 왜 하필 내게 이런 일이 일어나는지 되묻고 되물으며 절망한다. 이와 같은 부모의 태도를 아이가 배운다면 뜻대로 되지 않을 때 이런 세상에서 왜 살아가야 하는지 분노하는 데 자신의 에너지를 소모할 수 있다.

부모는 아이가 처한 상황을 개선하는 데 에너지를 쓰길 바란다. 아이에게 절망적인 상황이 닥친다면 어떻게 살아가야 할지 자문하는 용기를 발휘하는 사람으로 성장하길 바란다. 그러기 위해서 부모는 아이 스스로 유년 시절부터 삶이 보내는 그때그때의 질문에 답할 수 있도록 기회를 줘야 한다.

부모가 먼저 자문하라

다행히 우리는 아직 아이 방 벽의 구름벽지처럼 아름다운 하늘을 누리며 살고 있다. 최선을 다해 살아도 팍팍한 세상, 치열한 세상, 눈뜨고도 코 베이는 세상에서 내 아이가 잘 살기 위해 부모가 물려줄 수 있는 자산은 무엇일까? 주어진 상황에 사로잡혀 삶이 물어오는 질문 자체를 보기 못한다면 지너는 어떤 삶을 살아가게 될까?

내 뜻대로 되지 않는 현실이기에 내 태도를 선택할 자유를 반납한 채 사는 것은 아닌지 부모부터 먼저 자신에게 물어봐야 한다. 오늘은 아이와 함께 걸었던 길에서 삶이 우리에게 물어온 것은 무엇이고 우리는 고유의 현존을 책임지는 답을 했는지 돌아보는 날이다.

"어떻게 양육할 것인가?"
질문받은 부모는 자기 태도를 선택할 의무가 있다.

자녀가 단지 똑똑한
양 떼가 되기를 바라는가

대학입시는 부모가 치르고 있었다

수험생인 큰아이가 대학입시 수시 지원서를 마무리할 때쯤
의 일이다. 최대 6개 대학에 수시입학을 지원할 수 있는데 3개
대학만 지원하겠다는 것이다. 부모 입장에서는 만약을 대비해
지원할 수 있는 만큼 다 해보길 바랐지만 아이의 생각은 단호
했고 더 권유한다면 강요가 될 수밖에 없는 상황이었다. 아이는
자신의 선택이 합리적이라며 우겼다. 입시를 겪어본 부모라면
얼마나 답답한 상황인지 이해할 것이다.

인생에서 대학입시가 갖는 무게가 있기에 이런 중요한 상황
에서만큼은 부모의 의견을 더 적극적으로 표현하는 것도 무리

는 아니라고 생각했다. 하지만 막상 입시 앞에서 부모기 급급해 하면 아이는 "네 선택을 존중한다"라는 말을 위선으로 느낄 수 있다. 하지만 한편으로 이 중요한 기회를 이렇게 날려버리기에 는 아이의 인생에 악영향이 미칠 것 같아 부모는 마음이 다급 하지 않을 수 없다.

평소 아이에게 해온 말이 있다. 일류대학 입학이라는 맹목 적인 목표를 추구하기보다 학교생활을 통해 어디로 어떻게 달 려가고 싶은지 상상해볼 것을 권했다. 그리고 학력 지상주의 사 회, 승자독식 사회에서 충분한 스펙을 쌓지 못할 때 개인이 치 러야 할 대가가 혹독할 수 있다는 정보도 함께 주었다. 아울러 일류대학 자체가 삶의 목표가 된다면 어디로 달리는지도 모른 채 무작정 앞만 보고 가다가 오히려 자신을 잃을 수도 있다는, 부모의 주관이 개입된 설명도 빠뜨리지 않았다. 이렇게 노력하 는 부모는 아이의 미래와 관련된 문제이기에 말할 수 없이 불안 했다.

대학 졸업장은 무엇을 주는가

대학 졸업장이 최소한 내 아이의 성공적인 삶을 보장한다는 생각은 우연히 만들어진 것이 아니라 축적된 정보에 기반한다. 미국에서도 대학 졸업장이 행복의 기본적인 조건이 됐다고 지적한 윌리엄 데레저위츠^{William Deresiewicz}는《공부의 배신 - 하버드 생은 왜 바보가 되었나》에서 맹목적으로 일류대학을 지향하는 부모와 자녀가 겪는 문제를 다뤘다.

2018년 5월 한국보건사회연구원과 서울대 사회복지연구소가 발간한 '2018 한국복지패널 기초분석 보고서'에 따르면 중학생 10명 중 3명은 가장 희망하는 직업으로 연기자, 운동선수, 연극·영화 연출가, 공연기획자, 화가, 디자이너, 작가, 기자 등의 문화·예술·스포츠 전문가를 꼽았지만 부모들이 바라는 자녀의 직업은 의사, 법조인, 교수, 과학자, 연구원 등 전문직이었다.

과연 이 부모가 원하는 아이는 어떤 모습일까? 주관이 없는 사람이 되더라도 전문가로 일할 기회를 얻는 것이 우선이라고 여기는 것일까? 이런 방식으로 교육받은 아이들은 엘리트 코스를 밟고 대학 졸업 후 선택의 기로에 섰을 때 문제가 발생하기도 한다. 실패에 대한 두려움으로 가득 찬 엘리트 학생들에게 순종은 친숙하며 안전하게 느껴지기 마련이다.

자녀가 엘리트 코스를 밟도록 모든 일과와 목표를 조정하는 헬리콥터 맘, 알파 맘, 돼지엄마의 공통점은 자녀를 과보호한다는 것이다. 대학에서 교과목 학점에 대한 이의 제기를 학생이 아닌 부모가 하거나 수강과목 선택을 부모가 대신하는 경우다. 자녀를 부모의 의지대로 움직이고 자녀가 그것에 순응할 때 자녀는 부모가 원하는 삶이 무엇인지 면밀히 알 수 있지만 정작 자신이 원하는 삶에 대해서는 모를 수 있다.

내 자녀가 순한 양이 되길 바라는가

예일대에서 우정을 주제로 문학을 가르치면서 그는 자아성찰의 주요 전제 조건은 고독이라고 말했다. 학생들이 그전까지는 자아성찰, 고독, 정신적 삶 등을 생각해보라는 말을 들은 적이 없었던 것이다. 곧 한 학생이 큰 깨달음을 얻은 듯 묻는다.

"우리가 단지 똑똑한 양 떼Excellent Sheep에 불과하다는 건가요?"

물론 모두 그런 것은 아니지만 엘리트 교육 시스템은 똑똑하고 유능하며 투지 넘치는 학생을 만드는 한편 불안하고 소심하며 길을 잃고 지적 호기심이라곤 거의 없는 학생을 만들어낸다. 이들은 특권이라는 환상에 사로잡혀 같은 방향으로 온순히 걸어간다.

엘리트 시스템에서 자란 아이가 양 떼에 불과할 수 있다는 생각을 부모도 하지만 그래도 우리 아이가 잔 다르크가 되는 것보다 낫다는 생각도 한다. 여기서 비유한 양 떼의 특성은 온순하고 근시안적이며 도전정신이 없다고 풀이할 수 있다. 이들은 안정 추구를 위해 앞선 양 떼가 되길 원한다. 하지만 정작 양 떼

무리는 양치기가 있어야만 길을 잃지 않는다.

인생을 긴 여정에 비유하면 부모가 지나치게 개입하는 양육 태도는 자녀를 관광객으로 만들 가능성이 크다. 불안하고 위험한 요소는 부모 주도로 미리 제거해 가장 안전하고 효율적인 환경에서 자녀가 살도록 한다. 물론 아이의 실존을 위협하는 순간을 전혀 만나지 않도록 철저히 준비할 수만 있다면 가장 성공적인 삶이 된다. 우리 아이에게만 특별한 행운이 따라주기만 간절히 바란다. 하지만 부모가 신이 아닌 이상, 이런 특별한 행운을 만들어낼 수 없다는 것을 우리는 너무나 잘 알고 있다.

길을 잃지 않는 양치기 부모가 되는 것이 최선일까

부모는 자녀의 삶을 부모 주도로 준비하는 것을 멈추기 어렵다. 이런 현상을 어떻게 설명할 수 있을까? '부모라면'으로 풀어보자. 다시 말하면 '그럼에도 불구하고 부모라면 (   )을 해야 한다'다. 그때그때의 성취로 자녀에게 주어지는 기회가 달라지는 세상에서 '적어도 부모라면 (아이의 성적이 떨어지지 않도록 다잡아야) 한다'와 같은 '부모라면'을 끓이게 된다. 이런 양육 태도는 자녀가 자신의 삶을 관광하도록 만들 소지가 있다. 어디를 관광할 것인지, 어떤 순서로 방문할 것인지, 어떤 방법으로 도착할 것인지, 얼마나 머물지, 특정 장소에서 어떤 프로그램에 참여할 것인지가 미리 계획되고 아이는 따라다니기만 하면 된다. 이런 여행의 가장 큰 장점은 낯선 곳에서도 가이드의 안내만 잘 따르면 길을 잃지 않는다는 것이다.

'길을 잃다'란 현대인에게 어떤 의미로 각인돼 있을까? 도시화된 오늘날의 삶은 정처 없이 삶의 터전을 찾아 떠나는 유목민의 운명과는 다르다. 정착민으로 살아가는 세상에는 특정 결과를 이루기 위한 프로세스가 대부분 정해져 있다. 고도로 발달한 문명사회에서 직업은 위계적 질서로 서열화돼 있고 잘 짜인 시스템에 의해 질서정연하게 돌아가고 있다. 질서정연하게 돌아가는 세계 안에서 길을 잃는다면 누구라도 어떻게 살아가야 할지 막막하다.

부모라면 이런 막막한 불안이 현실이 되지 않도록 우리 아이에게 가이드라인을 주고 이끌어줘야 한다고 여긴다. 우리 아이가 한 번 길을 잃으면 남들에게 뒤처지거나 안정된 세계에 진입하지 못할 수도 있기 때문이다. 계층이동이 거의 일어나지 않는 현실에서 현재의 계층을 유지하기도 버겁다. 질서정연한 세계에서 순간적인 이탈마저 실패로 이어지리라 생각하는 부모라면 아이가 잠시라도 '길을 잃지 않도록 관리'할 수밖에 없다.

양 떼가 되는 것을 선택하게 만드는 불안

지금까지의 이야기는 행복한 삶의 이야기가 아니라 최소한 안전한 삶에 해당한다. 인생을 돌아보면 당혹감, 불안, 위험요소가 도처에 숨어 있다. 눈을 뜨고도 보이지 않는 길을 두렵고 떨리는 마음으로 찾아야 하는 것이 삶의 여정이다. 계획대로 살아가길 원했지만 생각하지도 못한 상황, 원하지 않는 상황에 던져질 수밖에 없다. 그다음은 선택해야만 한다.

나의 선택이 가이드에 의존한 선택일 때도 있지만 가이드가 없는 상황에 직면할 때도 있다. 가이드 없는 삶을 몸소 체험할 때 비로소 관광객이 아닌 여행객이 될 수 있다.

아이의 입시문제에 부딪히면서 내게 형성돼 있는 자연적인 태도를 바꿔보았다. 아이가 시도하고 싶은 것보다 명문대 입성이 살아가는 데 유리할 것이라는 부모로서의 생각을 충분히 검토해야 했다. 우선 명문대 입학에 대한 의미화의 차원을 초보적 수준과 성찰적 수준으로 나눈다.

전자는 자신의 경험에 근거해 의미화한 것을 '앎'이라고 단정하는 상태다. 반면, 후자는 자신이 알고 있는 것에 대해 의문을 제기한다. 자신의 의미화 과정 자체를 성찰해 나의 확신이 임의적일 수 있음을 열어놓고 탐구해 얻는 앎이다.

불안하기 때문에 양 떼 안으로 들어가고 싶지만 그 안에서 이탈하지 않기 위해 애쓰는 과정이 공허하고 고통스럽다면 양 떼 안에서조차 전혀 행복하지 않을 수 있다. 무리에 소속됨으로써 인간은 어느 순간까지는 안정을 느끼지만 그것이 곧 '위장된 안심 상태'라는 것을 깨닫기도 한다. 하지만 자신이 겪는 실존적 불안에 직면할 용기가 없을 때 스스로 양 떼이길 선택하게 된다. 실존 차원의 삶에는 안전지대가 없다. 대학 졸업장으로 안전지대를 만드는 것 자체가 불가능하다.

양 떼 속에서 아이가 눈치 보고 있지 않을까

명문대 졸업으로 보장되는 최소한의 안전장치를 얻기 위해 관심도 흥미도 없는 일에 매달리는 것은 좀 다르다. 자기 행동의 의미를 찾지 못하는 데서 오는 불안으로 우울감이 높아지고 정서적 파탄 상태에 이를 수 있다. 육체적 고통과 마찬가지로 삶의 무의미성에서 비롯되는 정신적 고통으로도 삶 자체를 위협받을 수 있다. 내 아이도 예외는 아니라는 점을 겸허히 받아들인다. 자신을 돌볼 틈조차 없는 삶에 그림자처럼 붙어 다닐 잠재적 위험을 떠안고 살라고 가르치는 부모가 되는 것을 멈추고 싶다.

오늘은 일류대학 졸업장에 대한, 맹신에 가까운 우리의 믿음을 검토하는 흔치 않은 날이 되면 좋겠다. 아이에게 물려줘야

할 것은 무엇일까? 무리에서 이탈할까 봐 눈치보며 살아가는
태도를 물려주려는 것은 아닌지 돌아보기 바란다.

무리에서 이탈할까 봐 눈치보는
한 마리 양이 되게 하고 싶은가.

성품의 덕은
습관을 통해 길러진다

끊임없는 갈등 관계

어느 봄날이었다. 주말이라 고등학생 딸과 함께 영화를 보러 가기 위해 버스 정류장 횡단보도 앞에서 신호를 기다리고 있었다. 그런데 지나가는 자동차 소음 사이로 누군가 소리치고 있기에 반사적으로 그쪽을 쳐다보았다. 대학생으로 보이는 여자가 소리치고 있었고 엄마로 보이는 중년 여성은 딸을 쳐다보지 않으려고 애쓰는 것 같았다. 나는 그쪽으로 향하던 시선을 황급히 돌렸지만 딸의 목소리는 더 격앙돼 그 내용을 듣지 않을 수 없었다.

놀랍게도 딸은 엄마에게 돈을 달라고 요구했다. 곧 보행 신호로 바뀌자 엄마는 도망치듯 걸었고 딸은 엄마를 쫓아가며 돈 내놓으라고 계속 소리쳤다. 타인의 시선이나 체면 따위는 안중에도 없어 보였다. 무슨 이유인지 만 원이라도 내놓으라는 딸을 무시하려고 애쓰는 엄마의 표정은 애처롭기까지 했다. 이 당황스러운 상황에서 우리는 기다리던 버스를 탔고 모녀의 쫓고 쫓김이 어떻게 끝났는지는 알 수 없었다.

버스에 탄 후에도 생경한 그 장면을 떨칠 수 없었다. 엄마에게 막무가내로 달려드는 딸의 성정이나 요즘 자녀들은 정말 기본이 안 돼 있다는 문제의식 때문도 아니다. '왜 저러나?'라는 궁금증도 없었다. 체면 따위는 안중에도 없이 돈 내놓으라고 엄마에게 울부짖는 딸과 속절없이 당하는 엄마의 모습에서 나와 아무 상관도 없는 일이었지만 부끄러움이 일었다. 이유는 알 수 없지만 인간으로서 최소한의 예의마저 저버릴 수밖에 없는 사태 자체가 깊은 슬픔으로 다가왔다. 딸과 엄마의 고통이 생생히 전해졌다. 지금 함께 있는 내 딸이 저러지 않아 다행이라는 생각조차 감히 할 수 없었다. 눈부시게 좋은 봄빛도 내 마음의 슬픔을 몰아낼 수 없었던 그 기억이 딸과 갈등을 겪을 때마다 한 번씩 떠오른다.

부모는 자녀를 기르는 사람이다. 자녀를 기른다는 것은 목숨을 부지하는 것을 넘어 인간답게 성장하도록 돕는다는 의미다. 부모는 생물학적으로 자녀의 생명을 유지하는 역할뿐만 아니라 자녀와 함께 인간다운 삶을 공유하는 존재다.

자녀는 부모와의 관계를 통해 새로운 세상을 만나고 배우는 역동적인 존재다. 자신의 기질을 가지고 태어난 아이는 부모와의 상호작용을 통해 행동을 모방하고 수정하면서 성장한다. 이런 점에서 부모의 양육 태도도 아이의 기질에 영향을 미친다. 아이의 성품은 부모 일방의 몫이라기보다 아이와의 상호관계에서 형성된다. 대부분 부모는 아이가 훌륭한 성품을 갖도록 최선을 다하지만 아이의 성장이 전혀 예상하지 못한 방향으로 흘러가는 경험을 하기도 한다.

뜻대로 크지 않는 네 앞에서 실존자로 질문하다

얼마 전 세상을 떠들썩하게 한 사건이 있었다. 고교 동창인 가해자들은 22세의 피해자를 체중이 34킬로그램이 될 때까지 화장실에 감금해 굶기고 동영상까지 찍어 조롱하며 죽음에 이르게 했다. 게다가 피해자 명의로 휴대폰 여러 대를 개설해 소액결제 최대한도를 사용해 생활해왔고 그 비용은 피해자의 아버지가 영문도 모른 채 부담했다는 점이 뒤늦게 알려져 사회적 공분을 사기도 했다. 폐지 줍는 할머니를 조롱하고 담배심부름을 시킨 중학생들도 있었다.

이처럼 인류를 저버린 잘못을 저지르는 나이가 점점 낮아지는 추세다. 인류를 거스르는 아이로 키우려는 부모는 없지만 자기와 타인의 고통에 점점 둔감해지는 아이들을 보며 이를 해결하려는 시도가 다양하게 이뤄지고 있다.

아이들은 가정과 학교에서 인간다움에 관해 오랫동안 배워왔다. 그런데 그런 배움이 일상에서의 행동에 반영되지 않는 경우를 종종 본다. 그동안 학교에서 교과를 통해 인성교육을 지속해왔지만 학교폭력, 게임중독, 집단 따돌림, 자해, 자살 등의 청소년 문제가 증가하고 양상도 심각해지면서 인성교육의 실효성에 의문이 생겼다.

이 문제를 해결하고자 전담부서를 만들어 인성교육을 체계적으로 실시하는 근거 법안인 인성교육진흥법이 2014년 발의돼 2015년 2학기부터 시행되고 있다. 개인의 인성이 제대로 발달하지 않으면 타인과 공존할 수 없다는 사회적 공감대가 형성됐고 학교 교육을 통해 인성교육을 강화하려는 취지였다. 그동안 교과 중심 학습으로 지식 전달에 치우친 도덕교육을 비판하고 인간다움을 실천하는 교육으로 전환하고자 했다. 도덕적 행동을 판단하는 사고력을 학생들에게 가르치면 도덕적 행위를 하게 될 거라는 기대가 충족되지 않자 인성 핵심역량을 개발하고 역량 중심 도덕교육으로의 전환을 시도하는 추세다. 도덕에 관해 아는 사람보다 도덕적 행동을 하는 실천 차원에 관심을 두고 다 함께 살아가는 힘을 길러 개인이 행복한 삶을 누리는 데 필요한 역량을 강화하고 있다.

학교에서 아무리 훌륭한 인성교육 프로그램을 실행하더라도 가정과 연계되지 않으면 아이의 인성발달에는 한계가 있을 수밖에 없다. 자녀의 인성은 가정에서 기른다는 전통사회의 가치관이 변해 오늘날의 부모는 아이의 학업을 지원하는 역할에 집중한다. 아이의 인성에 무심해서가 아니라 아이의 학업을 우선 과제로 삼다 보니 아이의 인성이 발달하는 과정에 특별한 관심을 두지 못할 뿐이다. 아이의 인성발달에 있어 가정에서 부모의 인격적 태도는 매우 중요하다. 그런데 훌륭한 인격을 지닌 부모도 내 아이와 인격적 관계를 맺는 것은 또 다른 문제다. 타인과의 관계에서 서로 존중할 수 없다면 고심 끝에 관계를 정리할 수 있다. 하지만 부모와 자녀는 물리적으로 헤어질 수는 있지만 정서적으로 끊어지지 않는 특수한 관계다.

부모가 양육을 거부하거나 자녀가 가출했더라도 정서적 관계는 말끔히 정리되지 않는다. 서로 사랑하지만 자기 뜻대로 되지 않는 한계에서 서로 끊을 수 없는 관계임을 직시할 때 실존자Seiendes로 질문하게 된다.

어느 주말 대로변에서 목격한 모녀의 관계도 더는 물러나거나 숨을 곳이 없는 상황이다. 인간으로 태어나는 순간 우리는 누군가의 자녀다. 그리고 부모가 되기도 한다. 더 행복한 삶을 원한다면 부모와 자녀의 관계를 인간다움의 차원에서 생각해야 한다.

아리스토텔레스의 윤리학

이는 고대 그리스 아리스토텔레스^{Aristoteles}가 윤리학에서 다룬 질문이다. 인간이 인간다움을 유지한 채 살아가기 위해 부모가 할 수 있는 것을 아리스토텔레스의 윤리학에서 찾아볼 수 있다. 인간이 교육을 받는 목적은 행복한 삶을 위해서이며 탁월성을 실현하기 위해 지적 덕과 도덕적 덕을 획득해야 한다고 본 그는 이성을 통해 중용의 덕을 실천하는 개인을 길러내고자 했다.

아리스토텔레스에 의하면 지적 덕은 교육을 통해 이성을 계발함으로써, 도덕적 덕은 훈련을 통한 습관으로 얻는다고 보았다. 윤리학에서 그가 논의하는 것은 도덕은 무엇인지가 아니라 선한 사람이 되는 것에 관해서다. 인간이 경험하면서 직접 얻는 지식이 도덕적 탁월성을 얻는 길임을 강조했다고 볼 수 있다.

《니코마쿠스 윤리학》에서 감정과 충동에 관한 훈련을 통해 획득돼야 할 덕목을 정의, 용기, 절제, 관후, 긍지, 온화, 우애, 진실, 재치 등이라고 하며 어린 시절부터 좋은 행동을 지속해 격려받음으로써 덕을 사랑하는 사람이 된다고 했다. 훌륭한 성품을 갖추려면 어릴 때부터 형성해온 '습관'이 중요하다. 인간 행위의 근원이 덕에 일치하는 정신활동이라는 점은 변함없지만 덕이 정신의 상태로 있는 것과 행동으로 드러나는 것의 차이를 인식함으로써 실천으로 연결되지 않는 정신활동을 경계했다.

아리스토텔레스는 올바른 행동의 근원인 지적 덕의 덕목 중 하나로 실천적 지혜를 제시했다. 실천적 지혜란 좋은 것과 나쁜 것에 관한 참된 이치에 따라 행동할 수 있는 상태다. 행복은 정신적으로 옳음과 그름을 분별하는 데 그치지 않고 실천적 행위를 통해 선한 사람이 되는 데 있다. 이는 의술이 건강보다 우월하지 않듯이 실천적 행위를 반복해 지적 덕이 생기도록 마음을 쓰는 것이다. 즉 이성적 사유로 선을 알고 선을 따르는 상태를 지향하지만 구체적인 상황에 적합한 중용점을 발견해 행동하지 않는다면 우리는 선한 사람이 될 수 없다는 점에서 오늘날 우리가 겪는 인성교육 문제의 본질을 볼 수 있다.

개인의 성품을 만드는 습관

행복한 삶은 사유를 본질로 삼는 이성의 기능을 한결같이 발휘하는 상태이고 중용의 덕을 통해 도달한다고 보았다. 중용은 부족함과 과도함의 중간으로 두 가지 극단에서 모자람이나 넘침이 없는 최선의 선택지를 말한다. 이는 두 극단의 산술적 중간을 의미하지 않는다. 선에 관한 참된 이치를 따를 수 있는 이성의 힘을 통해 중용을 결정하고 실천적 지혜를 통해 선한 행동을 할 수 있다.

우리는 평소 언행으로 개인의 성품을 짐작한다. 어느 개인이 드러나는 특정 상황에서 선한 행동이 무엇인지 안다면 내키지 않더라도 평소와 다른 위장된 행동을 할 수 있다는 점에서 그의 진면목을 파악할 수 없기 때문이다. 그래서 의식하지 못하는 사이 드러나는 일상에서의 습관적인 말과 행동으로 그의 사람됨을 본다. 개인이 무심코 내뱉는 말과 행동은 어린 시절부터 오래 축적된 자기 모습이다. 그러므로 인간이 훌륭한 행동을 하려면 어릴 때부터 좋은 습관을 익혀야 한다.

하지만 지식교육에 익숙한 우리는 습관의 교육적 가치를 제대로 살필 기회가 충분하지 않았다. 오히려 어린 시절 반복된 생각이나 행동이 굳어지면 개인의 합리적 선택 기능을 마비시킨다고 여기는 경향이 있다. 이성이 발달하기 전에 특정 행동을 반복해 그 사람의 일부로 자리 잡고 좀처럼 변하지 않는 굳은 행동을 습관으로 이해한다면 습관 형성의 교육적 의미를 제대로 파악하기 어렵다.

도덕성 발달에 영향을 미치는 양육환경

아파트에 사는 아이가 엘리베이터를 타면서 뒤에 들어오는 사람을 위해 열림 버튼을 눌러주는 상황을 생각해보자. 어릴 때부터 뒤에 들어오는 사람을 위해 열림 버튼을 누르는 행동을 반복한 아이가 어른이 돼서도 이 행동을 한다면 그 이유는 무엇일까? 별다른 생각 없이 자동으로 손이 움직여 열림 버튼을 누르게 된 것일까? 아니면 꼬마의 이런 행동이 타인을 배려하는 마음에서 비롯된 것으로 인식한 이웃이 아이를 칭찬하고 더 친근하게 대해줘 자발적으로 행동하게 되고 자신도 모르는 사이에 이런 배려심이 습관이 된 것일까?

아리스토텔레스는 단순 행위를 반복하는 것만 성품의 덕으로 보지 않았다. 구체적 행위를 반복해 선한 행동하기를 좋아하는 성향이 생기는 것으로 어릴 때 선한 행동에서 비롯된 유쾌한 감정 덕분에 개인이 덕을 좋아하는 성향이 내면화되는 상태를 말한다. 아리스토텔레스의 습관 개념은 맹목적 반복으로 생각이나 행동이 굳어 합리적 선택을 못하는 상태가 아니라 선한 행동을 할 때 동반되는 좋은 감정으로 선한 성향이 자리 잡는 것을 말한다.

어릴 때부터 어떤 습관을 갖느냐는 훗날 사람됨에 큰 차이를 보인다는 아리스토텔레스의 주장을 염두에 두면 양육을 통한 훌륭한 습관 형성이 중요하다는 점을 되새겨볼 수 있다. 하지만 어릴 때 형성된 습관이 성품이 된다는 점에서 어떤 양육환경에서 자랐느냐에 따라 개인의 노력과 무관하게 도덕적 인간이 되느냐가 결정된다. 또한, 양질의 양육환경에서 성장하더라도 아이가 자라면서 이성의 힘으로 중용의 덕을 획득하느냐에 따라 달라질 수 있다. 어쨌든 양육환경을 선택할 수 없는 아이의 인성발달을 부모의 인품이 결정한다고 볼 수는 없더라도 깊은 연관이 있음은 부인하기 어렵다.

오늘날 부모 세대의 인성발달은 주로 어떤 경로로 이뤄졌을까? 우리 부모들은 학교에서 교과를 통한 지식 위주의 교육을 받은 세대다. 입시 위주 교육에서 인성발달은 주로 윤리 교과에 선성된 내용을 얼마나 정확히 아느냐로 평가받았다. 그러다 보니 윤리 교과를 배우는 학생들에게 윤리 과목은 재미없고 의미 없고 실생활에서 쓸모도 없고 어렵기만 한 과목으로 인식되었다. 한마디로 실생활과 동떨어진 고리타분한 이야기만 늘어놓지만 학교 교과에서 빠지면 안 될 것 같은, 구색 맞추기용 과목이라는 인상을 지울 수 없었다.

부모 세대도 명문 학교 진학이 최우선 목표인 분위기에서 시험 기간에 윤리 시간은 중요 교과를 공부하는 자습시간이 되기도 했다. 오늘날 부모 세대는 공부 습관의 중요성을 익히 잘 알고 있다. 그런데 인성이 발달하는 네 습관 형성이 중요하다는 점은 제한된 의미로 이해하기도 한다.

어른에게 존댓말을 하거나 인사하거나 기본 규칙을 지키거나 바른말을 사용하는 사람이 되려면 어릴 때부터 습관을 만드는 것이 중요하다고 생각한다. 사람 됨됨이가 드러나는 기본 태도이므로 아이가 좋은 습관을 형성하기 위해 부모로서 모범을 보이려고 애쓰고 필요하면 훈육한다. 그런데 자라면서 부모의 생각과 행동을 꿰뚫기 시작한 아이는 부모가 세상을 살아가는 태도를 눈치챈다. 우리 엄마 아빠가 선한 행동을 좋아하는 것인지, 이해득실에 따라 태도가 달라지는 것인지 알아보고야 만다.

내 부모가 선한 사람이라기보다 남들이 보기에 훌륭한 매너를 가진 사람일 뿐이라고 판단하면 아이는 선한 행동을 해야 하는 것으로 인식하는 데 그칠 뿐 좋은 감정을 경험하지 못할 수 있다.

부모가 물려줘야 할 좋은 습관

주변에서 일어나는 크고 작은 사건을 접하면서 도덕 지식을 배웠거나 어른이 훈계한다고 인간다운 인간이 되는 것은 아니라는 점을 이제 우리는 잘 안다. 선한 행동을 할 때 아이 스스로 좋은 감정을 느낀다면 부모나 교사가 억지로 시키지 않아도 선한 행동을 계속해 훌륭한 성품을 갖게 될 것이라는 점도 잘 안다. 그런데 정작 아이들의 일상에서 선한 행동에 따르는 좋은 감정을 경험할 기회가 충분히 주어지는지, 부모 세대가 창조해낸 세계에서 훌륭한 습관 형성을 통한 아이의 인격적 성장을 이끄는 교육적 풍토가 조성돼 있는지 돌아보게 된다. 아이가 경험하는 일상이 도덕적일 때 좋은 습관을 형성할 여지가 생긴다는 점에서 부모의 인품을 돌아볼 수 있다.

크고 작은 사건 사고와 관련된 기사 내용이 가십거리가 되는 오늘날, 세상이 어찌 되려고 이런 일이 일어나는가 한탄하기보다 나는 타인의 고통에 어떤 감정과 태도를 취하는지 돌아보면 좋겠다. 행복한 삶을 창조하기 위해 부모가 아이에게 물려줄 수 있는 것은 타인과의 관계에서 겉으로 드러나는 매너뿐만 아니라 선한 것을 좋아하는 심적 경향을 통해 형성된 훌륭한 습관이라는 점을 생각해보는 날이면 좋겠다.

훌륭한 습관은 선한 것을 좋아하는
마음에서 길러진다.

내 자녀와 공유할 행복의 본질

행복추구권이란

인간은 누구나 행복하게 살고 싶어 한다. 지나치게 평범한 이야기 같지만 '인간은 행복을 추구한다'라는 표현에서 알 수 있듯이 누구나 저절로 행복해지지는 않는다.

최첨단 문명을 누리면서도 사람들은 행복해지기 위해 다양한 노력을 한다. 세상이 얼마나 풍요로운지 친절히 알려주는 현실에서 정작 내가 누릴 수 있는 것이 별로 없어 씁쓸하더라도 우리는 여기서 또 행복을 추구한다. 이는 패배자Loser의 이야기가 아니라 평범한 인생살이 모습이다.

최근 행복 담론을 이끄는 용어인 워라벨Work Life Balance, 소확

행小確幸, 욜로You Only Live Once 휘게Hygge이 공통적인 의미인 '일상의 소소한 행복'에 많은 사람이 공감하는 것을 보면 더 그렇다. 기본생활이 해결된 후 인간의 행복은 물질적 풍요로 좌우되기보다 유전적 요인(50%)과 행복해지려는 의지(40%), 직업, 종교, 배우자, 건강 등 기타 요인(10%)의 영향을 받는다는 연구 결과가 있다.

이는 대니얼 카네먼Daniel Kahneman과 캘리포니아대 소냐 류보머스키Sonja Lyubomirsky의 연구에 근거해 김정운 교수가 정리한 내용으로《나는 아내와의 결혼을 후회한다》에 실려 있다. 국민소득 3만 달러 시대에 접어든 우리나라도 개인의 행복 추구가 물질적 차원보다 정신적 차원과 연관된다고 추측할 수 있는 부분이다.

인간은 자신과 주변 사물에 의미를 부여하고 해석하는 정신활동을 통해 세계와 관계를 맺는 능동적 존재다. 사람마다 사고하는 차원이 다를 뿐 누구나 깨어 있는 동안 자동으로 생각하게 된다. 자신이 처한 상황을 어떻게 해석하느냐에 따라 같은 상황에서도 행복하거나 불행하다는 것을 성인이 되면서 깨닫는다. 배웠든 못 배웠든, 부유하든 가난하든, 남자이든 여자이든, 성인이든 아이든 모두 각자의 생각이 작동한다. 생각의 양상과 차원이 저마다 다른 것은 개인이 타고난 성격에 따른 것이기도 하지만 마음 깊은 곳에서 개인을 움직이는 자아의 핵심인 인격에 따른 것이기도 하다. 그리고 인격은 어린 시절 부모와의 관계의 영향을 받는다는 점에 우리는 대체로 동의한다.

어떤 부모를 만나느냐에 따라 자녀의 인격이 결정된다는 뜻이 아니다. 다만 부모와의 내면적인 연결이 자녀의 성장에 영향을 미친다는 것이다. 누군가 나를 조건 없이 수용하고 인정한다면 그와의 관계를 통해 있는 그대로 나를 드러낼 수 있게 되고 있는 그대로의 내가 되는 데 용기를 낼 수 있다. 그 누군가가 가장 가까이서 함께 살아가는 부모라면 더 그렇다. 여기서 '있는 그대로의 나'란 지금 보이는 내가 아니라 나로서 살아갈 수 있는 잠재력, 자신인 상태로 살아가는 태도다.

탈 벤 샤하르의 행복학

행복은 정신적 차원과 연결된다. 그러므로 개인의 인격은 행복한 삶에 영향을 미친다. 어디에 초점을 맞추고 상황을 어떻게 해석하는가에 따라 행복이 좌우된다는 탈 벤 샤하르[Tal Ben Shahar]의 행복학을 통해 부모가 자녀에게 물려줄 수 있는 유산을 생각한다.

탈 벤 샤하르는 현대인이 겪는 스트레스 상황에서 행복이란 무엇이며 행복한 삶을 구성하는 요소와 역할은 무엇인지, 인간

관계에서 어떻게 실천하는지를 탐색한다. 그가 보기에 사람들은 목표를 추구하고 성취하는 데 인생의 대부분의 시간을 할애한다.

그도 스쿼시 대회에서 우승하기 위해 최선을 다해 연습해 열여섯 살에 이스라엘 전국선수권 대회에서 우승했다. 그 기쁨은 말할 수 없이 컸다. 그런데 그 기쁨이 너무 빨리 끝나버리는 경험을 하고 나서 목표를 추구하고 성취하는 삶은 지속적인 행복을 주지 못한다는 점을 깨달았다.

우리 삶을 돌아보면 특별한 목표는 아니지만 남들 다 하는 것처럼 학교를 졸업하고 취업하고 승진하고 집 장만을 하려고 애쓴다. 이것이 모두 달성되면 모든 것을 이룬 것일까? 목표지향적 삶에 대해 탈 벤 샤하르는 구체적인 목표만 계속 바뀔 뿐 기본적인 생활 패턴은 바뀌지 않는다고 보았다. 결국 많은 사람이 정서적 피폐를 성공에 따라오는 불가피한 대가로 여기게 됐는데 이는 목표 달성 후에 느끼는 안도감을 행복이라고 착각하기 때문이다.

인간은 위기에서 벗어났다는 인식을 통해 잠시나마 안도감을 느낀다. 하지만 그것은 수많은 위기 중 하나에 불과하고 또 다른 위기를 맞는다. 인생을 위기의 연속이라는 관점에서 보면 위기를 피하는 것이 살아가는 이유가 될 수 있다. 그런데 개인이 무엇을 위기로 인식하느냐에 따라 삶의 모습이 달라진다. 사회에서 부여하는 안정적인 삶의 조건을 갖추지 못한 상태를 위기로 파악할 때 개인이 추구하는 목표는 자신이 설정한 것이라기보다 위기를 피하기 위해 어쩔 수 없이 달성해야 하는 것으로 대체된다.

탈 벤 샤하르는 목표를 정하거나 달성한다고 반드시 목표가 있는 삶을 사는 것은 아니라고 지적했다. 목표의식을 갖기 위해서는 우리가 정한 목표가 자신에게 의미가 있어야 한다고 주장했다. 의미 있는 삶을 살기 위해서는 사회적 기준과 기대에 따르기보다 자신에게 의미 있는 자발적인 목표를 가져야 한다는 것이다. 돈과 지위를 갖더라도 그것이 긍정적인 감정이나 의미 즉 행복할 때 추구할 가치가 있다.

부모인 나와 자녀는 지금 행복한가

부모와 자녀 간의 조건 없는 사랑이란 무엇인가? 부모와 자녀는 내가 네게 이렇게 해주니까 너도 상응하는 행동을 해줘야 한다는 주고받음의 관계가 아니다. 부모가 자녀에게 최선을 다했기 때문에 자녀도 부모가 이끄는 방향으로 최선을 다해야 한다고 생각한다면 조건적 사랑이라고 할 수 있다.

우수한 성적이나 상을 받을 때 자녀를 인정하던 부모가 아이의 성적이 떨어지거나 목표에 도달하지 못하면 노력 부족이나 실수로 치부하며 현재의 자녀를 부정한다. 불만족스러운 점을 보충하도록 해 부모가 수긍할 만한 상태가 돼야만 자녀의 모습을 받아들이는 것도 조건적 사랑이다.

주위를 돌아보면 성취 결과에 따라 부모가 자녀에게 제공하는 편의나 자율성 정도가 달라지는 경우가 있다. 오히려 부모와의 조건적 관계에 익숙한 자녀일수록 주어진 과제를 더 성실히 수행하고 결과적으로 높은 성취를 보이는 현상에 주목하게 된다. 그렇다면 부모와 자녀가 조건적 관계를 맺을 때 오히려 더 서로의 성장에 자극이 되는 것일까? 서로의 성장이라기보다 단기적 목표 달성에 더 효과적일 수 있다. 경쟁적인 사회 구조에서 조건적 관계 맺음을 통해 자녀의 성과를 극대화할 수 있다면 부모는 어떤 선택을 해야 할까?

부모가 자녀와 조건 없는 사랑을 나눈다는 것은 자녀가 하고 싶은 대로 무엇이든 허용하는 방임과는 다르다. 행동 이면에 보이지 않는 자녀의 감정을 읽음으로써 나와 다른 욕구를 가진 존재로 자신을 인정하는 태도다.

행동의 결과만으로 자녀를 판단하지 않고 한 명의 인격체로 존중하는 부모의 일관된 태도를 통해 아이는 자기 행동의 의미를 스스로 찾는다. 이를 통해 변화의 내적 필요와 추진력을 스스로 얻는다. 조건 없는 부모의 사랑을 경험한 아이는 부모가 항상 옆에서 지켜보지 않더라도 함부로 살지 않는다. 핵심 자아인 인격이 형성된다.

물질이 행복의 조건이 될 수 있을까

이런 관점은 행복을 돈과 지위에 연결하는 우리에게 생각할 거리를 제공한다. 특히 부모는 물질적 부와 직업을 떠나서는 자녀의 행복한 삶을 상상하기 어렵다. 자녀가 최악의 위기에 몰리지 않게 하기 위해서라면 부모가 재테크를 잘해 아파트라도 마련해줘야 안도할 것 같다. 어쩌면 부모의 당연한 마음 같지만 잘 생각해보면 아파트가 없어 불행했던 자녀가 아파트를 소유했다는 사실로 행복해지는 것은 아니다. 다만 하나의 과제나 위기가 해결돼 잠시 안도할 뿐이다.

1997년 미국 대학 신입생의 75퍼센트가 '부자 되기'가 인생의 목표라고 밝힌 것이 현실이다. 이런 조사를 통해 생각하게 되는 것은 미국 대학생들이 특별히 세속적이라기보다 그들 모두 부자가 될 수 없다는 점에 대해서다. 우선 부자의 기준은 각자 다르다. 그리고 부자의 개념도 상대적이다. 현대사회에서 개인이 소유한 물질적 가치는 상대적 요인, 통제할 수 없는 변수에 의해 좌우되기도 한다. 거대 자본과 권력의 움직임의 영향을 받는 사회에서 개인이 자신의 노력만으로 달성하기에는 한계가 있는 인생 목표라는 것이다. 게다가 사회적 기준에서 부자가 됐더라도 이후 부자 기준이 더 높아진다면 다시 쫓아야 할 목표도 '부자 되기'다.

우리도 돈이 많으면 더 행복할 것 같은가? 행복과 정신적 차원을 아무리 강조해도 물질 위주의 삶을 살아온 우리에게는 현실성 없는 이야기로 들린다. 실존주의Existentialism 심리학자 어빈 얄롬Irvin D. Yalom의 사고실험에서 암에 걸리고 나서야 비로소 삶을 이해하는 법을 알게 된다는 환자들의 이야기에 대해 탈 벤 샤하르는 그들이 항상 알고 있던 것을 새로 인식했을 뿐이라고 했다. 그 대부분은 전에도 삶을 어떻게 살아가야 하는지 알고 있었지만 무시했거나 인식하지 않으려고 했다는 것이다.

우리도 알고 있다. 돈이 많고 지위가 높다고 반드시 행복한 것은 아니라는 것을. 돈과 지위 외에 우리가 행복하기 위해 할 수 있는 것이 무엇인지 케넌 셸던Kennon Sheldon과 그의 동료의 연구에서 하나의 실마리를 찾는다. 돈, 미모, 인기와 관련된 목표보다 성장, 연결, 기여와 관련된 목표, 강요당하거나 어쩔 수 없이 해야 하는 목표보다 스스로 흥미를 느끼는 목표에 초점을 맞출수록 행복하다고 한다. 탈 벤 샤하르는 이처럼 스스로 선택하고 추구해가는 목표를 자기일치적 목표라고 불렀다.

많은 사람은 부나 지위를 자기 스스로 선택한 목표라고 주장하지만 과연 그런지 되돌아볼 필요가 있다. 우리가 어떤 일을 할 때 주요 요인이 자기일치적 목표라면 그 일은 하고 싶은 일이 되지만 반대로 외적인 데서 비롯된 목표라면 그것은 해야 할 일이 된다.

행복하려면 각성이 필요하다

행복과 관련해 부모는 자녀가 해야만 하는 일에 쫓겨 피곤한 삶을 살도록 다그칠 수도 있는 반면, 하고 싶은 일을 찾는 삶을 살도록 응원해줄 수도 있다. 물론 자기일치적 목표를 추구하는 삶이 부와 지위를 내팽개치도록 하라는 뜻은 아니다. 칙센트미하이는 우리가 재산, 건강, 명예를 바라는 것은 그 자체가 좋아서라기보다 그것이 우리를 행복하게 만들어주리라는 기대를 품고 있기 때문이라고 했다. 과연 부모는 행복에 대해 깊이 생각해본 적이 있을까? 사회적 지위나 통장 잔고로부터 자유로워지려면 우리가 초점을 어디에 맞추고 상황을 어떻게 해석하는가에 달려 있다.

부모로 오늘을 살아가는 우리도 행복한 삶의 본질을 모르지는 않는다. 그런데 왜 우리 아이에게 물질적 부와 지위를 물려주려는 걸까? 부모는 행복한 삶의 본질을 알면서도 위협을 제

거하고 안도하기 위해 애써 이를 무시하며 살아가는 것인가? 사회적 존재로 살아오면서 외적 요건에 의해 목표를 선택하고 추구하는 것만으로 충분히 행복할 수 없다는 것을 알면서도 말이다. 어쩌면 내면에서 울려오는 깊은 행복감을 내 새끼와 함께 누릴 그날을 목표로, 부모는 거대하게 덮쳐오는 위기를 피하는 것으로 벅찬 세상을 살아내고 있는지도 모른다. 그래도 부모이기 때문에 우리가 경험한 세계에 아이를 가두는 것은 아닌지 돌아봐야 할 때다.

부모가 자녀 스스로 선택한 길에서 겪는 뼈저린 좌절이나 충만감으로 자신의 행복을 찾을 가능성이 있다고 믿는다면 어떨까? 그러면 부모와 자녀의 삶은 어떻게 변할까?

오늘 통장 잔고를 보고 자녀에게 아파트를 물려줄 수 없다는 사실에 절망하지 않기를 바란다. 아파트 말고도 행복하게 살아가려는 태도를 물려줄 수 있으니까. 우선 부모가 먼저 자기일치적 목표를 추구하는 삶을 시도해보는 날이면 좋겠다.

행복은 사회적 지위나 통장 잔고가 아니라
마음먹기에 달려 있다.

Chapter 3

강렬한
너와 나의 연결고리

나는 자녀를 제대로 사랑하고 있는가

부모는 사랑 주기 위해 태어난 사람

아들이 고3 때의 일이다. 연휴가 낀 주말이어서 보통 때보다 여유로운 토요일이었다. 볕 좋은 초여름을 즐기려고 아이들과 서울 근교에서 점심을 먹기로 했다. 기숙학교에 다니는 큰아이를 데리러 가는 주말이면 아이를 보고 싶은 마음에 약간 들뜨기도 했지만 애틋한 마음이 더 컸다. 그래서인지 주말만이라도 학원 스케줄보다 아이가 먹는 것이나 여유시간을 보내기에 과하다 싶을 정도로 배려하는 편이었다. 한편으로는 우리 아이의 잦은 외출이 입시가 코앞인 친구들의 열공 분위기를 해치지는 않는지 마음이 쓰이기도 했다.

학교에 도착해 아이가 나오기를 기다렸다. 며칠 신 올해 대학입시를 가늠해볼 수 있다는 6월 모의고사를 치른 아이의 표정이 생각보다 해맑았다. 시험 결과의 영향을 별로 받지 않는 모습이었다. 아이는 차에 타자마자 동생이 틀어놓은 음악을 자신이 듣고 싶은 곡으로 바꿨다.

두 아이가 함께 차만 타면 자신이 듣고 싶은 음악을 들으려고 매번 기싸움을 벌인다. 평소에는 오빠에게 한 치의 양보도 없던 딸이 오늘은 웬일로 오빠의 부당한 침해에 별 반응을 보이지 않았다. 고3의 고충을 아직 경험하지 못한 동생이지만 입시를 코앞에 둔 오빠가 좀 측은했던 모양이다. 분위기는 그렇게 정리됐고 아들은 부족함이 없는 표정을 지었다. 그 태평한 얼굴을 확인한 나도 그제야 긴장이 풀리고 마음이 좀 편해졌다.

차창 밖으로 초여름 풋풋한 풍경이 눈에 들어왔다. 아이를 편하게 해주는 데만 온 신경을 집중하고 있었는데 짧은 순간 길가 풍경에 마음을 빼앗겼다. 아름다웠다. 그런데 그즈음 느닷없이 머릿속에 한 구절이 떠올랐다. '어이할거나. 아, 나는 사랑을 가졌어라. 남몰래 혼자서 사랑을 가졌어라. 천지에는 이미 꽃잎이 지고 새로운 녹음이 다시 돋아나~' 가족과 점심 먹으러 가는 길에 떠오를 시가 아니라는 생각이 드는데도 주책없이 이 구절만 자꾸 떠오른다. '아, 나는 사랑을 가졌어라~' 멈출 수가 없었다. 그렇다고 이 느낌을 가족과 공유하고 싶지도 않았다.

나중에 생각해보니 이 시는 서정주 시인의 〈신록〉이었다. 그냥 내 마음, 신록으로 찬란한 계절에 가슴 벅차게 누군가를 사랑하는 것 같은 마음이었다. 상대방이 어떤 상황이든 그의 행복, 기쁨, 성장, 자유를 원하고 또 원하는 마음, 바로 그런 마음이었던 것 같다. 그때 나는 이미 아들의 모의고사 성적과 연관된 과거와 대학입시라는 미래로부터 자유로워져 그 순간에 흠뻑 빠져 있었다.

시간이 지난 지금 생각해봐도 좀 뜬금없는 것은 마찬가지다. 맥락은 없지만 여전히 강렬한 느낌으로 남아 있다. 그래서인지 그때를 한 번씩 돌아보게 된다. 아마도 초여름으로 접어들면서 온 세상이 초록으로 물들기 시작할 때 그 풋풋하고 여리여리한 연둣빛 풀과 나뭇잎을 바라보며 신록이라는 단어가 저절로 연상됐을 수도 있다. 바깥 풍경에 시의 이미지가 겹치며 시 구절이 떠오른 듯했다. 아무에게도 말하지 못할 벅찬 사랑의 감정을 표현하는 이 시를 통해 이야기하려던 나의 정서는 무엇이었을까?

'아, 나는 사랑을 가졌어라'의 문장 끝부분에 감탄사가 있어야만 할 것 같다는 상상을 자주 했다. 누군가를 사랑하게 된 순간 그리고 그 순간에 있음을 인식하는 순간, 그 자체가 경이로움일 거라는 생각을 떨칠 수가 없었기 때문이다. 하지만 이런 감정이 오랫동안 내게 서맘으로 남아 있던 것으로 보아 친구나 연인과 이런 감정을 제대로 느껴보지 못한 채 내 젊은 시절이 지나간 것만 같다. 물론 연애를 전혀 안 한 것은 아니지만 이성적인 사람이라는 상대방의 일관된 표현을 통해 내가 사랑에 서툴다는 것을 알게 되었다.

이성적인 내게서 아이가 둘이나 태어났다. 물론 아이들에게 최선을 다했고 이전에 제대로 해보지 못한 숭고한 사랑을 한다고 생각했다. 내가 누군가를 위해 이렇게 많이 참고 노력한 적이 없었기 때문이다. 아이가 잘못된 행동을 하는 순간조차 사랑하는 마음이 흔들리면 안 됐다. 이성적인 내가 아이에게 화를 내고 원망하는 마음이 드는 것은 있을 수 없는 일이어야 하는데 자꾸 화가 났다. 화가 나면 아이가 미웠고 찰나였지만 엄마 노릇을 그만두고도 싶었다.

시간이 좀 지나고 한숨 돌리면 이렇게 예쁜 아이를 두고 어떻게 그런 생각을 했는지 자책한다. 그래서 결국 내가 아이를 제대로 사랑하고 있는지 묻게 되었다.

부모의 마음 상태가 무조건적 사랑을 만든다

미국의 정신분석학자이자 사회심리학자 에리히 프롬^{Erich Pinchas Fromm}에 따르면 사랑은 특정 대상에 의해 야기되는 것이 아니다. 부모가 자녀를 사랑한다지만 그 감정은 자녀로 인해 생기는 것이 아니라는 것이다. 사랑하는 마음은 자녀가 사랑스럽거나 뭔가를 잘했기 때문에 생기는 것이 아니다. 부모 마음 한가운데 자리한, 인간을 긍정하려는 강렬한 욕구가 자녀라는 대상을 통해 드러나는 것이다.

반대로 증오는 파괴를 구하는 강렬한 욕망이고 부모 마음 한가운데 자리해 가까운 사람을 통해 그 마음이 드러날 소지가 있다. 우리가 잠시라도 자녀를 미워하는 마음이 든다면 그것은 내 마음의 화와 미움이 자녀와의 관계를 통해 표출된 것이라는 뜻이다. 자녀가 잘못된 행동을 했기 때문에 부모가 화가 나는 것이라는 생각 자체를 돌아보게 하는 대목이다.

부모 입장에서는 이런 논리를 수긍하기 어렵다. 정말 자녀의 특정 행동 때문에 부모가 화를 내는 것일까? 일상에서 빈번한 사례를 통해 풀어보자.

A라는 아이가 학원 숙제 B를 하지 않았고 그 사실을 C라는 부모가 알게 됐을 때 부모는 어떤 마음이 들까? 우선 아이가 책임감이 없고 게을러 앞으로 자기 역할을 제대로 해낼 수 없을 것 같고 한심하다는 생각이 들 수도 있다. 하지만 또 다른 날에 A가 B를 하지 않았다는 것을 C가 알게 됐을 때 C는 아이가 학원을 여러 군데 다니니 체력도 달리고 시간도 부족해 숙제를 못 할 수도 있겠다는 측은한 마음이 들기도 한다. 내 아이 A가 학원 숙제를 하지 않은 행동 B를 부모

가 인식할 때 한심한 마음이 들 때도 있고 측은한 마음이 들 때도 있다. 아이의 행동 나는 동일하지만 상황을 해석하는 부모의 마음 상태에 따른 차이라는 것을 알 수 있다. 아이의 특정 행동 때문에 화가 난다기보다 부모의 임의적인 의미화로 인한 것임을 알 수 있다.

마찬가지로 아이를 향한 부모의 사랑도 부모의 마음에서 비롯된다. 아이가 어떤 행동을 하느냐에 따라 부모의 사랑이 결정되지는 않는다. 부모의 내면에서 특정 대상을 긍정하려는 정열적인 욕구가 사랑의 불쏘시개가 돼 아이라는 대상을 통해 활활 타오른다.

내가 상대방을 규정하는 것이 아니라 대상을 있는 그대로 긍정하는 것이 사랑이다. 아이의 행복, 성장, 자유를 응원하는 부모는 자신의 기준에 맞춰 아이를 이끌어가려고 하기보다 부모 자신의 마음 상태를 충실히 바라본다. 그래야만 아이의 마음도 보이기 때문이다.

부모는 아이와 표면적으로 연결되는 데 그치지 않고 내면적인 연결을 통해 아이와 소통하는 존재다. 내 바람대로 사는 것은 내 인생 하나로 충분하다. 아이들은 아이들의 바람대로 살아야 한다. 부모의 불안을 아이의 삶에 투영해 아이를 불안으로 몰지 않을 굳건함을 장착해야 한다.

사랑으로 네 마음의 문을 열고 싶다

다시 그날의 만남으로 돌아가자. 아이를 사랑하기 때문에 아이를 행복하고 편안하게 해주려고 애쓰는 동안 나는 오히려 아이와의 내면적 연결이 쉽지 않았다. 두 아이가 원하는 것을 해주는 데만 신경 쓰느라 정작 내 마음 상태를 돌아볼 여유가 없었기 때문이다. 아이의 마음속 평온은 엄마인 내가 만들어 마음속에 집어넣어 줄 수 없다는 것을 잘 알면서도 말이다.

그동안 나는 아이를 편하게 해주기 위해 항상 애썼고 그러다가 지치면 내가 아이의 편안한 휴식을 차질 없이 제공하려는 전문 직업인처럼 느껴졌다. 아이와 함께 있는 순간이 좋으면서도 나의 에너지는 충전되기보다 소진되고 있었다.

이 중대한 사실을 깨달은 것은 차의 스피커에서 흘러나오는 노랫가락 덕분인지도 모르겠다. 특정 장르를 고집하지 않고 세대를 넘나들며 함께 즐긴다. 이동시간이 많았던 우리 아이들과 차에서 함께 듣는 음악은 어느 순간 우리의 루틴이었고 그 자체로 행복한 시간이었다. 그날도 큰아이가 틀어놓은 노랫가락과 아이의 편안한 얼굴 덕분에 모든 것이 정상적으로 돌아가고 있다고 생각한 것 같다. 오히려 아이의 마음 한가운데 사랑의 불씨가 내 마음의 사랑을 드러나게 했는지도 모르겠다.

아이의 행복과 성장, 자유를 적극적으로 염원하던 그때가 나의 사랑이 아이를 통해 드러나는 순간이었을 것이다, 아이가 없었다면 온전히 피워보지 못했을지도 모르는 내 안의 사랑. 내 자식이기 때문에 사랑하는 것이 아니라 내 사랑이 자녀라는 존재를 통해 세상에 드러난다는 점에서 자녀를 사랑한다는 것은 타인을 긍정하는 내 안의 마음이 흘러넘쳐 아이 마음의 문을 연다는 뜻이기도 하다.

에리히 프롬이 부모에게 들려주는 새로운 시선

부모의 사랑은 자녀를 통해 온전히 드러난다.

13 — 마르틴 부버가 부모에게

지독하게 말이 안 통하는
너와 내가 강렬하게 만났다

내가 낳은 애 맞아?

"언니, 정말 내가 돌아버리겠어!"

"아니, 왜?"

"내가 집에 있다가는 제명에 못 살겠어. 글쎄, 딸내미 방에 들어갔다가 기절했잖아. 내 눈을 의심했어. 쓰레기통이야! 어제 저녁때 치워줬는데 오늘 가관도 아냐. 매일 치워도 끝이 없어. 지금 나이가 몇인데!"

그러자 언니가 쿨하게 웃으며 말했다.

"그래도 네 딸은 어리잖아. 우리는 더 심해. 이제 포기했어. 우리 딸내미는 학교 다녀오면 욕실 앞에 허물 벗어 놔. 좀 치우라고 말해도 매번 똑같아.”

　“그건 새 발의 피야. 언니가 우리 딸 방을 못 봐서 그래. 옷
벗어 그 자리에 두는 건 기본이고 글쎄, 옷을 꺼내 입고 옷장 문
도 안 닫아. 물건을 꺼내고 나서 서랍도 안 닫아. 정말 이해 불
가야?”

　“다 그래. 너희 집만 그런 거 아냐.”

　숨넘어갈 듯 쏟아내고 나니 속이 후련하다. 육아 동지이면
서 마음을 터놓고 지내는 언니와의 만남이다. 은근히 하든 대놓
고 하든 자식 자랑하는 엄마들을 만나면 피로감이 쌓이기 마련
이다. 하지만 우리는 자기 아이 디스 배틀하다가 결국 서로 위
로하고 웃어 넘긴다.

　첫째가 아들이다 보니 내게는 딸에 대한 꽤 근사한 기대가
있었다. 아들의 행동을 이해하기 위해 많은 시행착오를 겪어야
했지만 딸은 그렇지 않았다. 초등학생 때까지는 딸이 모든 면에
서 아들보다 공감이 잘되는 편이었다. 그래서인지 딸만큼은 사
춘기를 좀 쉽게 넘길 거라고 생각했다. 딸과의 소통에 어려움을
겪는 선배 엄마들의 상황은 남의 일 같았다.

　이런 환상은 딸이 중학생이 되어서도 변하지 않았다. 그렇
기에 지극히 사소한 문제로 우리의 평화가 위협을 받게 될 줄
상상도 못했다. 주변 정리가 안 되는 이 작은 문제는 매일매일

내 신경을 자극했다. 정갈하게 정리된 10대 소녀의 방을 상상해 온 내게는 혼돈 그 자체였다.

나-전달법도 무용지물

생사를 가를 만큼 중요한 일도 아닌 이 사소한 문제로 생긴 모녀간 갈등을 풀기 위해 관련 상황을 떠올려본다. 딸 방에는 온갖 인형, 액세서리, 가방, 화장품, 옷들로 발디딜 틈이 없다. 하루는 딸이 등교한 후 방에 들어갔더니 헤어세팅기의 전원이 켜진 채 침대 위에 널브러져 있는 것이 아닌가. 패드의 일부가 이미 누렇게 타들어가는 아찔한 순간이었다.

한 지붕 아래 살다 보니 딸의 생활 태도는 내 삶의 질에 생각하지도 못한 영향을 미친다. 이런 상황이 365일 계속되고 언제 끝날지 모른다고 생각하니 함께 생활하는 사람은 불편할 수밖에 없다.

'나-전달법I-message'을 사용해 아이의 행동을 변화시키는 소통을 시도했다. 문제의 소유자(문제를 제공한 원인자가 아니라 괴로움을 겪는 사람)는 나 자신이므로 내가 겪는 괴로운 감정을 솔직히 표현했다. 하지만 드라마에서나 있는 획기적인 변화는 우리 집에서는 일어나지 않았다. 오히려 심각한 갈등은 여기서부터 시작되었다. 엄마의 괴로움을 공감하려고 하지 않는 아이를 보며 우리 사이가 뭔가 잘못돼 가는 것 같았다. 게다가 정리 이야기만 꺼내면 제 방으로 들어가버린다. 대화가 안 되었다.

나와 너는 강렬하게 만났는데도 불구하고

대화를 통해 서로 존중하는 관계가 되고자 했던 이스라엘 히브리대 사회철학 교수 마르틴 부버Martin Buber의 관점에서 딸과 소통하는 방법을 찾아보려고 한다. 부버는 인간으로서의 가치와 존엄성을 상실해가는 현대사회에서 대화를 통한 나와 너의 인격적인 만남을 회복하고자 했다. 그는 '나와 너'의 관계를 '나와 그것'의 관계와 구분한다. '나와 그것'의 관계에서 나와 만나는 상대방은 하나의 대상에 불과해 그의 역할에 충실한가로 규정된다. 성적으로 자녀의 역할을 규정하는 부모는 아이의 현재 기분, 처한 상황, 컨디션 등을 고려하기보다 좋은 성적을 받는 데만 관계의 초점을 맞춘다.

몇 년 전 고3 아들이 엄마를 살해하고 시신을 방에 방치한 채 8개월 동안 생활한 안타까운 사건이 있었다. 그 아이는 학교에서 인기도 많고 성적도 우수한 모범생이었다. 그런데 전국 상위권을 유지해도 엄마는 만족하지 않았고 성적이 떨어지기라도 하면 며칠 동안 잠도 재우지 않고 굶기고 체벌했다고 한다. 아들은 모의고사 성적표를 위조하기에 이르렀고 그걸 들킬까 봐 우발적으로 저지른 사건이었다. 아이의 온전한 삶에 관심을 두기보다 좋은 성적을 얻는 데만 관심을 집중할 때 부모에게 자녀는 제 역할을 해내느냐에 따른 '그것'으로 대상화될 소지가 있다. 이때 부모는 방관자, 관찰자, 조정자로서 자녀와의 관계를 맺는다.

반면, '나와 너'의 만남은 직접적이며 상호적이다. 내가 정한 틀이나 용도로 너를 규정하는 것이 아니라 서로 존재 그 자체로 만나는 인격적인 관계다. '나와 그것'의 관계가 인식 차원의 관계라면 '나와 너'의 관계는 실존 차원의 관계라고 할 수 있다.

인간은 살면서 이 두 관계를 모두 경험할 수밖에 없고 우리는 이 둘 사이를 오가며 관계를 맺는다. '나와 그것'의 관계가 없는 삶은 불가능하고 '나와 너'의 관계가 없는 삶은 무의미하다. 부모와 자녀 관계의 직접성은 아이의 성적이나 여타 결과물이 아닌 오직 '너로서' 여기에 존재할 때 생성된다. 우리가 오롯이 존재하도록 이끄는 '나와 너'의 만남은 상호적, 직접적이고 과거나 미래에 붙들리지 않는 현재이며 강렬함이 특징이다.

자녀와 말이 통하지 않았던 이유

이런 '나와 너'의 만남은 대화적 관계를 통해 이뤄진다고 보았다. 과연 나는 딸을 '너'로 만나고 있는 것인지, '그것'으로 대상화하고 있는 것인지 고민하던 중에 위장된 독백이라는 대화 유형에 주목했다. 이런 유형의 대화는 상대방이 있는데도 불구하고 실제로 그에게 말하는 것이 아니다. 상대방의 말을 듣기보다 자기 말을 하기 위해 상대방의 말이 끝나길 기다리며 자신의 주장만 되풀이한다. 대화처럼 보이지만 진정한 대화가 아니다.

진정한 대화는 진정한 직면이다. 부버는 외부의 압력을 거부하고 내면을 자유롭고 진실하게 개방할 때 비로소 인격적 만남이 가능하다고 했다. 그런데 우리는 서로 자유롭게 자신의 내면을 개방하는 대화를 나누지 못하고 있었다. 10대가 되면 스스로 주변 정리를 해야 한다는 내 확신에 따라 '나와 그것'의 인식론적 관계를 만들어내고 있었던 것이다.

나는 정리정돈 여부에 따라 딸의 존재를 인정하거나 거부하는 태도를 보였다. 딸을 대상화하고 있었다. 삶에서 전혀 문제가 되지 않는 부분에 집요하게 간섭하는 엄마를 딸이 어떻게 수용할 수 있을까? 딸도 엄마를 대상으로 인식했을 것이다.

아이의 역할을 규정하는 사람에 머물러 '나와 그것'의 관계를 창조하고 있었던 엄마와 그에 대응한 딸. 서로에게 대상으로 인식되기만 한다면 모녀간이라고 무조건적 만남이 이뤄지지는 않는다. 태도 전환이 필요했다. 나는 아이와 인격적으로 관계를 맺는다고 생각했지만 사실 내 확신을 따르도록 강요했고 상호성을 받아들이지 않았던 것이다.

부모와 자녀의 온전한 만남을 위해

평생 누군가가 조건 없는 지지와 신뢰를 보내준다면 얼마나 든든할까. 그 누군가가 부모라면 더없이 평화로울 것이다. 노래 〈얼음꽃〉을 듣다 보면 '나와 너'의 만남이 그려진다. 겉으로 드러나는 성과보다 고유성을 가진 나로 인정받을 때 다시 살아갈 힘을 얻는다는 내용이다. '나를 눈이 아닌 마음으로 봐요. 그 안에서 또 피어날 나를'이라는 노랫말과 같이 딸을 비판적으로 보는 시선을 내려놓고 '온전한 너'로 만나야 한다.

마르틴 부버는 《나와 너》에서 "감정은 '소유'되지만 사랑은 생겨난다. 감정은 사람 안에 깃들지만 사람은 사랑 안에서 살아간다. 사랑은 '나'에 집착해 '너'를 단지 '내용'이나 '대상'으로서 소유하는 것이 아니다. 사랑은 '나'와 '너' 사이에 있다"라고 말했다.

잠든 딸을 바라보노라면 이 아이와 나 사이에 사랑이 있다는 것을 분명히 느낀다. 다만 사랑 안에서 만날지, 길들이거나 소유하는 대상으로 만날지는 부모인 내가 선택하는 것이다. 이 사실을 분명히 알기에 우리는 인격적으로 만날 여지가 충분하다.

너는 내가 길들일 존재가 아니다.
그래서 나는 너를 인격적으로 만난다.

부모의 변화 시도,
내면아이 치유

내가 신경증 환자?

정리 문제로 인한 딸과의 갈등을 다른 관점에서 검토해본다. 지저분한 환경에 있으면 불편함을 넘어 심리적 안정이 무너지고 자제심을 잃는 나 자신에 대한 탐색이 필요하다. 정리정돈에 대해 형성된 나의 심리적 상태를 들여다보지 않으면 딸과의 관계에서 일어나는 갈등이 나의 합리적 추론과 인내로 견뎌야하는 일상이 되기 때문이다. 대부분 정돈된 환경을 선호한다지만 그렇다고 지저분한 상황을 견디지 못하는 것은 아니므로 정리 문제는 어쩌면 심리적으로 나의 취약한 부분이다.

특정 상황에서 합리적인 태도를 유지하기 어렵다면 나도 모르는 사이 무의식 세계에 저장돼 현재의 생각과 행동에 지대한 영향을 미치는 경험이 있을 수 있다. 그런 경험에서 비롯된 긴장이 누적돼 거의 신경증에 가까운 반응을 하는지도 모른다.

아이들이 어릴 때도 남편과 정리 문제로 자주 다퉜다. 남편은 너무 깨끗이 정돈돼 있으면 오히려 불편해한다. 책을 볼 때도 책상 위에 여러 권이 펼쳐져 있어야 마음이 편하고 물건을 버리는 것도 극도로 싫어한다. 조금이라도 자기 손이 닿은 물건은 평생 한 번 펴보지 않더라도 집안 어딘가에 간직하고 싶어 한다.

정리의 근본은 잘 버리는 것이다. 그런데 물건이 점점 쌓여만 가니 자로 잰 듯 공간이 반듯이 정리되기는 불가능했다. 어지르는 사람이 한 명만 있어도 집은 깔끔한 상태로 유지되기 어렵다. 그런데 아이 둘이 태어나 셋이 어지르니 집은 돼지우리처럼 느껴졌다. 그래서인지 아직도 기억에 선명히 남아 있는 동화책이 있다. 앤서니 브라운의 작품《돼지 책》이다.

너희는 돼지야

두 아이와 부부가 사는 평범한 가정에서 전업주부인 엄마 혼자 집안일을 감당하던 어느 날 "너희는 돼지야"라는 카드를 남긴 채 엄마는 홀연히 사라졌다. 그동안 살아가는 데 필요한 집안일을 전혀 한 적 없던 두 아이와 아빠의 생활로 엄마가 사라진 집은 말 그대로 돼지우리처럼 지저분해졌다. 그리고 그런 집에서 사는 아이들과 아빠의 모습은 사람의 옷을 입은 돼지로 그려진다. 결국 사람다운 생활이 불가능해지자 불편을 느낀 두 아이와 아빠는 자신들의 잘못을 뉘우친다는 이야기다.

아이들의 요청으로 그 책을 읽어주면서 알 수 없는 쾌감을 느꼈다. 아이들에게 기본적인 생활습관을 가르쳐줄 절호의 기회였지만 무엇보다 지저분하게 살아가는 가족을 참교육하기 위해 엄마가 사라진다는 대목에서 사이다를 마신 듯 속이 뻥 뚫렸다. 특히 엄마가 카드에 써놓은 '너희는 돼지야'라는 대목을 읽을 때는 엄마의 돌직구 표현이 정확히 재현되도록 생동감 있는 표정과 목소리로 모든 감정에 몰입해 읽었다. 읽는 중간중간 너희에게도 그런 일이 닥칠 수 있음을 암시한 기억이 있다.

저명한 작가도 정리정돈하지 않는 사람과 함께 살기 싫다고 말하는 것처럼 느껴져 내가 지나친 것이 아니라고 인정받는 기분이 들었다. 육아에 지친 당시 나도 동화책 속의 엄마처럼 '너희는 돼지야'라고 후련하게 소리치고 사라지는 상상에 종종 사로잡혔다. 내가 사라져 우리 집이 돼지우리처럼 되면 아이와 남편이 그때그때 정리하는 태도가 얼마나 필요한지 수긍할 거라는 생각만으로 속이 후련해졌다. 이처럼 《돼지 책》을 읽어주면 만족감과 안도감이 밀려왔다.

이 동화를 남편도 함께 읽어야 하는데 매번 그러지 못해 아쉬웠다. 겨우 세 살과 여섯 살인 아이는 정리하는 태도가 필요하다는 매우 바람직한 깨우침을 얻었는데 마지막 남은 남편이 문제였다. 이렇게 알기 쉬운 동화를 통해 집 안 정리가 중요하나는 남편의 생각과 태도를 고쳐주고 싶었다. 남편에게 동화를 읽어줄 수는 없으니 틈만 나면 남편이 변해야 한다며 조근조근 설명하거나 결국 화를 냈다. 주변 정리가 안 되는 것은 비효율과 무책임한 생활태도의 전형이라며 윽박질렀고 아이들 교육에도 좋지 않다며 우리 아이들이 지저분하게 살면 좋겠냐며 남편에게 강요 아닌 강요를 했다.

잘 정리된 게 정답일까

결국 우리 집 주말 아침은 매번 같은 장면이 연출되었다. 항상 밤늦게까지 뭔가를 하는 나는 주말 아침에는 늦게 일어난다. 반면, 일찍 자고 일찍 일어난 아이들은 편안한 잠옷 차림으로 아빠와 함께 간단한 요기도 하고 소파에서 뒹굴며 TV를 보거나 음악을 듣거나 게임을 하며 평화로운 시간을 보낸다. 점심때가 다 돼 눈을 뜬 내가 안방 침대에 누운 채 "배 안 고파?"라고 물으면 거실에서 남편의 다급한 목소리가 들린다. "얘들아, 엄마 일어났다. 어서 치우자!" 그리고 곧바로 청소기 소리가 난다. 남편은 내가 언제 화내는지 잘 안다. 지저분할 때다. 그러니 최소한 치우는 시늉이라도 해야 주말 집 안 분위기가 나빠지지 않는다는 것을 알고 나름 살길을 찾는 것이다.

이런 모습에서도 알 수 있듯이 아이들은 어릴 때부터 정리정돈 때문에 불편하다 보니 특히 딸은 휴식보다 청소를 중시하는 엄마의 태도가 이해되지 않을 수도 있다. 아이들에게 집은 쉬는 공간이어야 하는데 청결 유지를 위해 마음 편히 쉬지 못하는 곳이라는 인상이 남아 있을 수 있다. 아이는 청소나 정리정돈 행위를 편안한 휴식의 방해요인으로 생각할지 모른다. 이 시점에서 나 자신에게 질문한다. 잘 정리돼 더 깔끔할수록 더 좋고 올바른 상태라는 생각은 어디서 생겼는지.

인간의 마음을 설명하는 3가지 성격 구조

어른이 된 후의 생각과 행동은 어린 시절의 경험으로 결정된다는 프로이트의 정신분석 이론을 통해 이 질문에 접근하려고 한다. 생물학적 본능을 가진 인간이 사회적 존재로 자라면서 문명인의 태도를 유지하려면 본능을 억압하고 이때 좌절된 욕구는 무의식으로 남는다.

프로이트는 인간의 정신은 개인이 현재 각성하는 의식

Consciousness의 세계, 기억하려고 노력하면 떠올릴 수 있는 전의 식Preconsciousness, 개인이 스스로 떠올릴 수 없는 생각과 감정인 무의식Unconsciousness으로 구성된다고 보았다. 특히 무의식이 인간행동에 미치는 영향을 강조했다. 무수한 기억의 저장고이지만 어린 시절의 경험이 수면 아래로 가라앉아 개인이 자각하지 못하는 상태에서 의식적 행동을 통제하는 힘으로 작용하기 때문이다.

인간의 마음은 3가지 성격 구조로 설명된다. 성격의 엔진으로 표현되는 원초아id는 인간이 태어날 때 갖는 생물학적 본능이다. 삶을 유지하는 에너지로 즉각적 만족을 추구하는 쾌락 원리에 충실하다. 프로이트는 본능에서 비롯된 에너지인 리비도Libido의 원천을 삶의 본능과 함께 죽음의 본능에서 찾는다. 생명 유지에 필요한 욕구를 충족해 자기를 보존하려는 본능을 에로스Eros라고 했으며 삶의 본능을 성과 연관시킨다. 삶을 향한 본능과 함께 모든 인간은 선천적으로 죽음을 지향하는 본능이 있다. 진화론적 관점에서 모든 생물은 태어나기 이전 상태인 무기물로 돌아가려는 경향이 있고 인간도 생물이라는 점에서 예외 없이 죽음을 지향한다. 삶의 본능은 죽음을 향하는 본능이 직접 표출되는 것을 방해한다. 죽음 본능인 타나토스Thanatos의 대표적 속성을 공격성, 파괴로 보았다. 공격성은 선천적인 죽음 본능에서 생긴 자기파괴 본능이 다른 대상으로 돌려지는 것이다.

인간이 원초적 본능에서 비롯된 충동과 욕구를 즉각 해소하고 쾌락만 추구한다면 짐승과 다름없이 무질서한 세계를 만들었겠지만 개인은 어린 시절 부모의 가치관이 반영된 도덕과 질서를 학습함으로써 사회적 존재로 성장한다. 부모는 보상과 처벌을 통해 살아가는 데 필요한 관습과 규범을 가르치고 이 과정에서 아이에게는 초자아^{Superego}가 발달한다. 부모의 승인과 칭찬을 받는 생각과 행동이 좋은 것으로 내면화되는 자아 이상^{Ego} ^{Ideal}과 부모가 금지하거나 거부하는 생각과 행동에 대해서는 죄책감을 느끼는 양심^{Conscience}이 형성된다. 초자아는 부모의 사랑을 받지 못할 것에 대한 두려움으로 자기를 끊임없이 감시하는 기능을 한다.

즉각적 만족을 추구하는 생물학적 본능과 엄격히 자기를 판단하는 도덕적 초자아 사이에서 현실적 만족을 추구하는 자아 ^{Ego}가 발달함으로써 개인은 합리적인 생각과 행동을 추구한다. 자아는 원초아의 욕망 충족을 지연해 사회에서 용인하는 안전한 방식으로 긴장을 해소하는 현실 원리를 따른다.

욕구 충족 과정에서 원초아와 초자아 사이의 갈등이 통제되지 않을 때 불안이 발생하고 자아는 위험 요소를 피하거나 공격할 가능성을 찾아내려고 한다. 불안을 해결하기 위해 합리적으로 대처하기도 하지만 심각한 불안을 다루는 데 방어기제를 사용한다. 인간의 행동은 무의식의 영향을 받는다는 점에서 인간에게 일어나는 사건이나 상황은 과거의 경험으로 결정된다는 프로이트의 관점에서 영·유아기의 경험이 한 개인의 현재를 결정한다고 보았기 때문에 어린 시절의 양육환경의 중요성이 강조된다.

어린 시절 환경이 강박증을 만든다

나의 어린 시절을 생각하면 맨 먼저 떠오르는 느낌은 엄격함, 질서정연함이다. 집안은 청결하게 정리정돈돼 있었는데 그런 집에서는 편안하다기보다 항상 긴장해야 했다. 어릴 때 우리 집은 동네에서 가장 청소를 자주 하고 정리가 잘 된 집이었다. 이런 집 상태를 유지하는 사람은 엄마가 아닌 아버지였다. 물건이 제자리에 없거나 문지방에 먼지가 있거나 현관에 신발이 나란히 정렬돼 있지 않으면 안 되었다.

아버지는 매우 인자했지만 정리정돈과 청결을 지나치게 중시해 어린 시절 우리는 늘 긴장 상태였다. 아이가 다섯이고 할머니와 함께 살았던 대가족의 생활공간이 항상 정리되기는 불가능에 가까웠기 때문이다. 그러다 보니 어질러지면 아버지의 분노가 폭발할까 봐 항상 긴장했다. 무엇보다 엄마가 가장 큰

피해자였다. 아이들 가정교육이 엉망이라며 이래서야 어떻게 사회생활을 하겠냐며 엄마를 책망하는 순간이 우리는 가장 괴로웠고 불안했다. 우리가 초등학생이 되면 정기적으로 책상 서랍 검사를 하셨는데 서랍 안이 사용하기 좋게 효율적으로 정리돼 있는지, 물건이 줄 맞춰 제대로 놓여 있는지 점검하고는 했다. 나보다 먼저 초등학생이 된 언니들이 책상 서랍 검사를 받으며 야단맞는 모습을 보면서 꽤 어린 나이였던 나는 '언니들은 왜 저럴까? 깨끗이 치우면 될 텐데. 나는 나중에 안 그래야지!' 라고 다짐한 기억이 아직도 선명하다. 이 생각은 내가 초등학생이 돼 아버지의 검사를 받고 칭찬받는 동안 계속되었다.

사람답게 살려면 깨끗이 정돈해야 한다는 생각이 이미 내 안에 자리 잡았고 정리정돈은 특별히 어려운 일도 아니었다. 그런데 사춘기가 되자 마음속으로 '아이, 왜 저래? 귀찮아 죽겠네. 정도가 지나쳐'라는 생각을 수없이 했다. 하지만 왠지 아버지에게 표현할 수는 없었다. 지나치다는 생각이 나날이 강하게 들었고 이런 내 생각을 무시하려고 애썼다. 그러다가 고등학생이 되면서 머지않은 미래에 부모와 떨어져 살 수 있다는 생각이 들었다. 편히 살기 위해 청소하는 건지, 정리정돈하기 위해 사는 건지 헷갈릴 정도로 나를 불편하게 만드는 아버지를 피하고 싶은 마음이 고등학교 2학년이 돼서야 겉으로 표출되기 시작했다.

말 잘 듣던 딸에서 아버지에게 삐딱한 딸이 되어갔다.

무의식에 압도당한 삶

정리정돈에 지나치게 예민했던 아버지의 양육방식이 나의 초자아 형성에 영향을 미쳤고 나는 아버지의 기준을 수용함으로써 인정받고 그 기준에 도달하지 못하면 양심의 가책을 느꼈다. 특히 아주 어린 시절부터 초등학생이 되기 전까지 몇 년 동안 매일 새벽 등산을 함께 하며 산행에서 만난 사람들에게서 예의 바른 어린이라는 칭찬을 받았고 그런 내게 한없이 자애로웠던 아버지에게 깊은 유대감을 느끼고 있었다. 아버지의 기준이 옳고 그 기준을 받아들이고 지키면 존경받는 사람이 돼 아버지를 기쁘게 할 수 있다. 내 행동이 아버지를 실망시켜 그 책임이 엄마에게 돌아가는 사태를 피하는 것이 가장 평화로운 길이라고 정리했던 것 같다. 하지만 사춘기가 되자 뭔지 모를 불편함으로 마음이 힘들었고 무기력하던 가운데 마침내 부모님으로부터 내 삶이 독립할 가능성을 보게 되었다. 이때부터 나의 감정에 직면할 용기가 생겼고 그동안 집안 분위기에 내가 억압당했고 아버지의 기준이 옳지만은 않다는 합리적인 추론을 했다.

청년기에 접어들자 내 생각은 온통 자유로운 삶에 꽂혔다. 누구에게도 간섭받지 않고 어떤 관습에도 사로잡히지 않는 삶을 열렬히 꿈꾸었다. 그런 소망 이면에는 뭔가에 얽매여 긴장하며 사는 삶으로 돌아가고 싶지 않은 마음이 있었다. 그래서 비혼도 고려했다. 하지만 결혼하고 아이도 둘이나 낳았다. 게다가 아이러니하게도 그렇게 피하고 싶었던 어린 시절 억압 상황을 주도적으로 아이들에게 가하고 있다. 아니, 내 무의식에 압도당하고 있다는 표현이 더 정확한 것 같다.

상처받은 나의 내면을 발견하다

프로이트의 성격 이론은 개인의 특정 의식이나 행동이 무의식의 영향을 받는다는 점을 임상을 통해 밝힘으로써 인간은 합리적으로 행동한다는 기존 관점을 넘어 인간 이해의 지평을 넓혔다. 하지만 과거의 경험에 지배당하는 수동적 존재로 인간을 규정했다는 비판을 받는다. 정신분석 이론은 개인이 자기 행동의 근원을 찾아가는 데 도움을 주지만 자기 스스로 심리적 긴장을 해소하고 구체적 행동 변화를 이루기에는 어려움이 있다.

치료 전문가 존 브래드쇼Jhon Bradshaw는《상처받은 내면아이 치유》에서 프로이트의 방법은 엄청난 시간과 돈이 필요하고 치료자에 대해 의존하게 만드는 경향이 있다고 분석했다. 어린 시절의 경험으로부터 자유로워지기 위해서는 성인이 돼서도 내면에 어린아이 상태로 있는 나를 발견해 돌보고 치유하는 경험이 중요하다고 제안한다. 어린 시절 주위 특히 부모로부터 무시 당해 상처받은 경험이 우리 내면 깊은 데서 아이 상태로 존재할 때 이를 발견하고 회복하는 과정의 중요성을 강조한다. 주위 사람들이 자신의 신경증 문제에 갇혀 아이가 갖는 경이롭고 순진 하고 쾌활하고 사랑스러운 이 놀라운 특성이 제대로 발휘되지 못하도록 상처를 줄 수 있다. 상처받은 내면아이는 자신이 소중 한 존재라는 사실을 충분히 경험하지 못해 자의식의 혼란을 느 끼면서 혼자 남겨진다. 아이를 가장 소중히 여기고 사랑하는 부 모로부터 모멸감이나 무시를 받아 상처를 받은 아이는 부모와 맞설 수조차 없다는 점에서 심각한 괴로움을 겪는다고 했다.

부모가 엄청난 영향력을 미치는 유년 시절, 정리에 관한 아 버지의 엄격한 통제에 순종하려다 보니 긴장감이 높아지며 여 기에 많은 에너지가 소진되었다. 어린아이의 특성인 쾌활하고 순진하고 영성적인 요소를 마음껏 드러내는 데 쓸 에너지가 부 족했던 것 같다. 어린 시절 겉모습은 평범했지만 나는 누구이고 무엇을 원하는지 몰두할 여력이 없었다.

내면아이 치유의 시작

부모의 특정 기준에 맞추기 위해 내게 오롯이 집중하지 못 하는 가운데 나로부터 소외되는 마음은 평온하지 못했고 외로웠다. 내 가치체계의 핵심에 자리 잡은 상처받은 내면아이가 지금도 자라지 못한 채 있다는 것을 깨달았다. 어쩌면 강박증에 가까울 만큼 청결했던 할머니의 양육 태도의 영향을 받은 아버지가 신경증적 불안에 갇힌 채 우리를 대하다 보니 내 어린 시절의 자아가 호기심과 열정을 자유롭게 드러내지 못하고 위축된 내면아이 상태로 남았는지도 모른다.

사실 인간은 생리적 부모 없이도 살아갈 수 있다. 부모는 자녀가 세상에 나오는 통로를 제공할 뿐이다. 그런데도 부모는 자기가 사는 방식과 같은 방식으로 아이가 살도록 억압한다. 그런 방식은 부모의 무의식에서 비롯된 비합리적인 태도일 수 있다.

내가 제대로 가르치지 않으면 아이의 삶이 망가질 것이고 부족한 점을 메워주지 않으면 형편없이 자랄 거라는 불안이 아이와의 소통을 원천적으로 막는다. 딸과 갈등 해결을 위해 가장 시급히 해야 할 일은 내게 위축된 내면아이가 있다는 사실을 인식하는 것이다. 그리고 내면아이와 접촉하려는 시도가 필요하다. 그다음 내 마음을 파괴하지 않으면서 딸의 있는 그대로를 존중하며 함께 사는 법을 터득해야 한다. 함께 살아야 할 운명이라는 이유로 자존감을 훼손하는 부모여서는 안 되겠기에 직면하지 않고 방치한, 자라지 않은 내면아이를 만나려고 한다.

위축된 내면아이를 보듬는 부모 변화의 시작

아직도 딸과 정리정돈에 대한 갈등이 말끔히 해결되지 않았다. 하지만 변하려고 애쓰고 있다. 내 불안에서 비롯된 양육 태도로 인해 딸의 내면에 자리 잡고 있을지 모를 상처받은 내면아이를 스스로 발견할 힘이 생겼으면 하고 응원한다. 내 마음도 편해져야겠지만 딸의 마음에도 자유로운 어린아이 자아가 회복되길 간절히 바란다.

내 어린 시절의 환경이 일종의 압박이었다는 점을 알면서도 그것을 반복하게 되는 경로를 되짚으며 위축된 내면아이를 보듬는다. 아버지를 포함해 다른 사람과 자유로운 관계 가운데 친밀감을 형성하는 노력을 시도하는 과정에서 딸을 응원할 힘이 생긴다.

요즘 나는 시간 날 때마다 아이 방을 정리해준다. 내가 바쁘고 힘들 때는 치워주지 않는다. 하지만 눈치를 주지도 않는다. 그 대신 내가 기꺼이 치워준 날은 아이가 학교에서 돌아오면 이렇게 말해본다.

"우리 딸, 엄마의 사랑이 느껴지지?"

아이의 컨디션이 나쁘지 않은 날에는 내게 손가락으로 하트를 아낌없이 날린다. 그리고 양말을 벗어 빨래통에 넣는 흔치 않은 일도 일어난다.

내면을 돌아보지 않으면 어린 시절의 경험에 갇힌 채
현재를 살게 될 지도 모른다.

⑮ ― 루안 브리젠딘이 부모에게

남녀의 뇌 구조를 알면
교육이 보인다

엄마와 딸인데 소통이 안 된다

딸과 정리 문제로 인한 갈등 해결을 위해 또 다른 관점인 뇌
과학에 근거해 이 문제를 다뤄본다. 부모가 다양한 정보에 근거
해 자녀의 행동 원인을 알게 되면 소통하는 방법을 찾는 노력에
더 적극적일 수 있기 때문이다. 특히 발달 시기별 호르몬 분비
차이에 따른 행동 반응 특성을 이해한다면 아이가 겪는 변화에
대한 부모의 수용이 높아질 수 있다.

루안 브리젠딘Louann Brizendine에 따르면 남자에 비해 여자는
성장 과정에서 복잡한 호르몬 작용으로 인해 더 큰 변화를 겪는
다고 한다. 특히 10대 소녀는 생각하고 느끼는 방식을 추동하

는 신경회로에 큰 변화가 생긴다.

10대 소녀의 대부분은 몇 시간씩 거울 앞에 앉아 자신의 외모를 가꾸는 데 시간을 쓰지만 사회적 약속을 지키는 데는 거의 반응을 보이지 않는 특성이 나타나기도 한다. 에스트로겐과 프로게스테론의 분비 증가로 자기 정체성과 독립성을 찾기 위해 애쓰는 한편 주변의 인정과 거부에 더 민감하다.

에스트로겐 증가로 옥시토신과 도파민 분비가 촉진되면서 사회적 유대 즉, 관계에서의 친밀감을 통해 더 만족감을 얻는 시기였는데 나는 딸의 변화를 무시한 채 행동을 바꾸는 데만 집중해 정서적 관계 경험의 빈도가 점점 줄고 있는 것을 빨리 눈치채지 못하고 있었다.

10대 소녀는 호르몬 변화로 친구들과의 수다, 비밀 공유, 쇼핑, 헤어스타일, 멋내기와 같은 행동을 보인다. 딸도 생리적 변화에 따른 격정적 심리 반응을 보이는 시기인데 나는 여전히 유년기 아이처럼 대하고 있었다. 아이가 발달함에 따라 부모의 소통 방식도 변해야 하는데 딸과 친근하다 보니 오히려 변화에 민감하지 못했다. 더 늦기 전에 아이의 생리적 변화를 존중하는 의사소통으로 전환하는 것이 필요했다.

타인과 안정적이고 친밀한 관계를 맺느냐에 따라 자아존중감이 발달하는 시기라는 점에서 사춘기 소녀를 둔 부모는 정서적 관계 맺기에 특별한 노력을 기울여야 한다. 그런데 나는 아이가 정리 습관을 기르도록 종용하는 역할에만 빠져 친밀한 관계를 파괴하고 있었던 것이다.

자녀와 친밀해지려면 어떻게 소통해야 할까? 사춘기 소녀의 호르몬 변화는 매우 사소한 일조차 극단적인 감정으로 치닫게 한다는 점에서 우선 아이의 예민한 반응에 부모가 의미를 부여하지 않는 것이 필요했다. 충동적으로 쏟아내는 말이나 태도라는 점을 이해하고 이런 태도가 우리 아이의 성품이라는 단정을 유보한다. 행동 자체를 직접 수정하려고 하기보다 정서적으로 자녀와 소통하는 데 중점을 둬야 한다.

남녀의 뇌는 다르다

사회문화적 경험 특히 부모와의 상호작용으로 뇌와 신경세포의 프로그램이 강화되거나 수정되기도 한다. 이런 점에서 아이의 뇌 구조를 부모가 이해하고 이를 육아에 반영하는 것이 중요하다.

예를 들어 여자아이가 표정에 잘 반응하면 부모는 더 다양한 표정을 짓게 되고 아이는 표정에 더 많은 반응을 보인다. 여자아이가 표정을 관찰하고 그 의미를 읽어내는 데만 몰두하면 뇌는 그런 활동에 점점 더 많은 신경세포를 할당해 배치한다.

상대방의 표정을 읽는 선천적인 능력과 부모의 강화 작용이 반복되면서 아이는 관계 중심의 여성의 특성을 더 강화하게 된다. 그리고 젠더^{Gender}(사회문화적으로 구성된 성) 습관을 학습한다.

어릴 때부터 관계 맺음에 탁월한 능력을 보이는 딸 덕분에 모녀가 친밀한 관계를 맺기도 한다. 하지만 한편으로는 아들보다 딸이 엄마의 정서 상태에 더 민감한 영향을 받기 때문에 육아에 지친 엄마가 딸과 상호작용하는 데 더 큰 정서적 어려움을 겪을 수 있다.

부모가 생물학적으로 프로그래밍돼 있는 남녀 뇌의 차이를 이해하고 양육 태도를 점검한다면 남자아이와 여자아이가 생물학적으로 갖는 한계를 보완할 수 있다. 또한 남녀의 차이는 호르몬 영향에 의한 것이기도 하지만 사회문화적 전통과 연결되면서 한 개인의 삶에 영향을 미친다. 남녀의 뇌 구조와 호르몬 분비가 다르더라도 부모가 아들과 딸에 대해 각각 기대하는 바에 따라 아이들의 뇌 회로를 형성하는 데 중요한 역할을 하기 때문이다. 예를 들어 아들과 딸의 유년기 신체활동 경험을 제공하는 부모의 양육 신념과 태도의 차이가 아이의 성장에 영향을 미칠 수 있다.

다섯 살이 될 무렵 딸은 인라인스케이트를 타고 싶어 했다. 여러 번 시도한 끝에 결국 스포츠센터에서 전문 강사에게 배우라고 했다.

처음부터 수업을 받게 하려던 것은 아니었다. 큰아이 때처럼 자연스럽게 배울 수 있을 것 같아 머리부터 발목까지 보호장비를 철저히 착용한 후 딸을 데리고 공원에 나갔다. 그런데 제대로 서지도 못하는 모습이 위태로웠고 야외 공원에서는 손으로 붙잡고 설 수 있는 바가 없는 것도 문제였다. 다른 사람들은 쌩쌩 달리고 자전거 타는 사람도 있는 상황에서 혹시 딸아이가 다칠까 봐 나는 신경이 곤두섰다.

엄마가 잔뜩 긴장한 표정과 목소리로 반응하자 딸은 위험한 상황으로 인식하고 한걸음 떼기를 두려워했다. 그런데 이 상황을 딸이 인라인스케이트 타는 것을 싫어하거나 재능이 없는 것으로 부모가 판단해버리면 인라인스케이트 배우기는 거기서 끝나버릴 것이다. 그래서 방법을 바꾸고 싶었다. 엄마인 내가 더 안전하다고 믿는 환경에서 배울 수 있는 게 필요했다.

반면, 동생과 비슷한 나이에 인라인스케이트 타는 법을 배운 큰아이는 공원에서 우리와 함께 자연스럽게 배웠다. 큰아이는 비틀거리면서도 아빠 손 잡기를 원치 않았고 한걸음이라도 떼려고 노력했다.

유년기 남자아이들은 위험한 상황에서 엄마가 주의를 환기해 주거나 제지하더라도 별로 개의치 않고 자신이 하던 활동에 다시 몰두한다고 한다. 남자아이는 생후 7개월 정도 되면 엄마의 얼굴을 보고 화가 났는지 두려워하는지 구별할 수 있지만 12개월이 되면 엄마의 표정에 내성이 생겨 쉽게 무시해버릴 수도 있어 부모의 규제를 무시하는 경향이 있다고 한다.

활발한 움직임과 모험에의 몰두와 같이 남자아이가 전형적인 행동을 했을 때는 사회화의 결과로 보기도 했지만 그 최초의 출발점은 뇌다. 태아의 뇌를 스캔해보면 8주 이후부터 테스토스테론(남성 호르몬의 왕으로 지배적이고 공격적이며 강력하다. 집중력이 뛰어나고 목표지향적이며 위계질서 안에서 다른 남자보다 우위를 점하려는 충동을 포함한 남성의 모든 특징을 만들어낸다)의 자극을 받은 남자아이는 출생 후 움직이는 물체를 찾아내 쫓아가고 목표를 명중시키고 힘을 쓰며 놀려는 욕구가 생긴다.

이처럼 남자아이의 두뇌 프로그램에 따른 자연스러운 행동 경향이 '남자다움'이라는 사회문화적 젠더 개념과 결합돼 부모의 양육 태도에 적용되기도 한다. 대부분의 부모가 유·소년기 아이에게 태권도, 축구, 농구, 배드민턴 등의 스포츠를 익힐 기회를 제공해 신체운동 발달을 강화한다. 이를 통해 또래 관계에 적응하도록 돕고 넘치는 에너지를 건강한 방법으로 표출하도록 지원하는 경우를 흔히 볼 수 있다.

생물학적 차이를 이해하고 대화하기

우리 아이들이 인라인스케이트를 배우는 과정을 비교해보면 아들과 딸에 대한 부모의 기대에 차이가 있었음을 알게 된다. 위험성과 다칠 가능성도 비슷했지만 아들도 위험을 별로 개의치 않았고 우리 부부에게도 남자아이는 강하게 키워야 한다는 생각이 무의식적으로 있었던 것 같다.

남녀의 차이를 존중한다는 이면에 맏이면서 남자인 큰아이는 용감하고 강하게 자라야 한다는 생각이 있었다. 반면, 막내이면서 여자인 작은애는 다치지 않고 신체에 작은 흉터라도 남지 않게 하는 것이 우선이라고 생각한 것 같다.

부모에게 자리 잡은 차별적 성 의식이 우리 아이들에게 여과 없이 적용되고 있음을 깨달았다. 그뿐만 아니라 딸이 10대가 되면서 여자아이 방은 깔끔히 정리정돈돼 있어야 한다는 성 불평등적 관념이 있는 것은 아닌지 돌아본다.

그렇다고 딸을 굳이 위험한 상황으로 내몰거나 더 지저분하게 키울 필요는 없지만 아이가 원하는 삶을 살아가는 데 필요한 것이라면 편안한 마음으로 익힐 수 있도록 부모가 지원하는 것이 필요하다. 딸의 수업을 지켜보다가 아이가 넘어지거나 부딪히면 가슴이 쿵 내려앉지만 '별일 아니다, 괜찮다'라는 표정을 지어 보인다. 딸은 넘어지자마자 트랙 밖에 앉아 있는 엄마의 얼굴부터 보기 때문이다. 뭔가 큰일 났다는 메시지를 내 표정에서 읽기라도 한다면 아이는 자신의 행동이 잘못됐다는 신호로 받아들이게 되고 행동이 위축될 수 있다. 부모가 아이를 돌볼 때의 목소리, 표정, 언어를 통해 뇌가 다듬어진다는 점에서 딸의 인라인스케이트 수업이 끝나면 매번 오늘 정말 멋졌다는 반응을 아끼지 않았다.

인간의 뇌는 최고의 학습장치로 인간이 터득한 행동 양식은 뇌가 형성되고 변형되는 데 중요한 역할을 하는 것으로 밝혀졌다. 아이는 부모를 통해 문화를 익히고 삶의 양식을 구성한다. 아이와 함께 보내는 일상에서 부모가 보이는 반응은 아이의 뇌 구조 형성에 영향을 미친다.

아이와 원활히 소통하기 위해서는 성별에 따른 생물학적 차이를 이해하고 부모의 젠더 개념을 검토해 성별에 의해 구획된 삶을 넘어서도록 지원하는 것이 필요하다.

아들과 딸에 대한 부모의 기대는
아이의 뇌 회로가 형성되는 데 중요한 역할을 한다.

화날 때는
불합리한 신념부터 찾아보자

나의 화는 어디서 오는가

딸의 정리 문제로 1년에 한 번 정도 찾아오는 인내의 한계는 분노 폭발로 이어지기도 했다. 심리학에서는 분노를 억압하기보다 건강하게 표출하는 것이 중요하다고 본다. 상대방에 대한 분노가 느껴질 때 유머를 통해 표출하는 것도 분노를 효과적으로 처리하는 방법이다.

딸의 행동에 분노할 때 나는 유머로 시작하지만 이내 비아냥으로 탈바꿈한다. 민낯을 보인 후 너덜너덜해진 부모의 마음은 복잡해지고 그 허탈감은 말로 표현할 수 없다는 것을 경험해 본 사람은 안다.

아이와 제대로 소통해 서로 합의점을 찾아야 하는데 말처럼 쉽지 않다. 자꾸 마음에 쌓아놓다가 큰 눈덩이처럼 불어난 화를 한번은 터뜨리는데 물론 그런 상황이 일어나는 경우는 주로 내 컨디션이 안 좋을 때다. 몸이 아프거나 처리해야 할 업무로 스트레스가 많거나 심리적으로 불안할 때 아이의 행동에 대한 엄마의 수용 수준이 낮아진다. 한 번은 폭발해야 아이도 깨달을 것이라는 합리화까지 해보지만 이후 딸과 나의 갈등은 여전히 해결되지 않았다.

알버트 엘리스의 이론이 준 해답

미국 임상 심리학자 알버트 엘리스Albert Ellis는 아무리 옳은 생각도 자신의 감정을 그대로 표현한다면 상대방의 잘못을 이야기하는 데 초점이 맞춰져 득보다 실이 클 것으로 보았다. 누군가 잘못된 점이나 마음에 안 드는 점을 지적하면 그의 의도 이상으로 더 깊은 상처를 받는다고 한다.

비판적인 발언이 아무리 훌륭하더라도 상대방의 자기방어를 강화하고 나아가 저항하도록 만든다. 따라서 타인의 위축감이나, 분노, 적대감을 부추기지 않고 인격적인 통합성을 유지하며 우리가 원하는 바를 달성하는 방법이 필요하다. 이와 같은 내용은《화가 날 때 읽는 책》에 잘 나와 있다.

인간의 마음을 혼란시키는 것은 사건 자체가 아니라 사건에 대한 그들의 판단이라고 말한 에픽테토스Epictetus A. D. 1세기의 명언을 인용해 그는 인간의 적응 문제가 합리적으로 사고하느냐와 연관된다고 보았다. 합리적 정서 행동치료REBT: Rational Emotive Behavior Therapy를 통해 비현실적이고 비합리적인 사고를 찾아 이를 바꿈으로써 우리의 감정이나 행동을 능률적으로 변화시키고자 했다. REBT 이론은 현실에서 발견할 수 있는 객관적 사실로 해답을 찾는다.

REBT 이론과 ABCDE 원리

화가 있는 내게 REBT를 적용해 딸의 행동에 대해 작동하는 비합리적 신념을 살펴보려고 한다. 그래서 우선 아이의 행동 중 내 관점에서 잘못됐다고 판단하는 점을 정리했다.

첫째, 자기 주변을 스스로 정리하지 않는 아이가 무책임하다.

둘째, 자기가 해야 할 일을 하지 않아 함께 사는 가족에게 불편을 주는 것은 정당하지 못한 행동이다.

셋째, 바쁘고 힘든 일상을 사는 엄마의 노동을 덜어주진 못할망정 더 가중시키면서도 변하려고 노력하지 않는 태도는 잘못이다.

넷째, 딸이 엄마를 무시하는 반응을 하는 것은 잘못된 행동이다.

딸에 대한 내 생각을 정리한 글을 살펴본다. 딸을 모르는 사람이 내 관점에 근거해 아이를 상상해보면 인성이 매우 나쁘다고 추측할 것 같다. 하지만 실제로 딸에게 이런 면만 있는 것은 아니다. 주변 정리를 하지 않는 특정 행동을 확대 해석해 아이의 인성 전체를 문제시하는 것을 발견하는 대목이다.

아이의 행동에 대한 엄마의 생각을 확신으로 몰고 가다 보면 아이에게 계속 화가 날 수밖에 없다. 화가 난 상태로는 딸과 소통할 수 없다. 정리 문제에 꽂힌 내가 주관적인 신념으로 딸의 행동을 비합리적으로 해석하는 부분을 찾아봐야겠다. 엘리스는 분노와 관련해 대부분의 사람이 가진 4가지 비합리적인 생각을 다음과 같이 분류했다.

"당신이 나를 이렇게 대하다니 말도 안 된다."
"당신의 무책임한 행동을 참을 수가 없다."
"당신은 내게 그러면 안 된다."
"당신은 부당한 행동을 했으니 벌을 받아 마땅하다."

신기하게도 내가 딸에게 분노를 느꼈던 생각과 거의 같다. 엘리스는 인간의 신념체계가 아무리 어린 시절에 생겼더라도 정서적 혼란을 일으키는 비합리적 사고의 상당 부분은 내부에서 스스로 반복하고 강화해 왔다고 보았다. 가족 구성원의 생활 방식은 중요하지 않았다. 오직 내가 원하는 집의 모습을 유지하려고만 했다. 한마디로 깔끔하게 정리되지 않은 환경에서 살 생각이 전혀 없었던 것이다.

주변 정리에 대한 내 신념을 나도 보편적으로 맞다고만 여겼지 이 문제가 모든 개인에게 해당하는 것인지 질문하고 차분히 살펴보려고 하지 않았다. 지금이라도 엄마의 신념이 타당한지 구체적으로 검토하기 위해 REBT의 핵심인 ABCDE 원리를 적용하여 비합리적 신념을 찾아내 변화의 실마리를 풀려고 한다.

A(Activating Event: 선행사건)**는 정서적 결과를 유발하는 데 직접적인 영향을 미친 사건이나 행동을 뜻한다.**

: 아이가 자기 주변을 스스로 정리하지 않는 행동이다.

B(Belief System: 신념체계)**는 선행사건에 대해 개인이 갖게 되는 태도로 개인의 신념체계 또는 사고방식이다.**

: 집은 가족이 쉴 수 있도록 청결하게 정리된 공간이어야 한다. 청소년이 됐는데도 자기 주변 정리를 하지 않고 누군가 대신해주길 바라는 아이는 책임감이 없고 게으르고 배려심이 없다. 정리하는 습관의 형성은 누구에게나 필요한 기본적인 생활능력이다. 청소년은 스스로 주변 정돈을 할 수 있어야 한

다. 공부 외에 대부분의 역할을 부모가 대신해준다면 제 역할을 하는 성인이 될 수 없다. 살아가는 데 필요한 자조 능력을 기르지 않으면 문제해결 능력이 없는 한심한 사람이 될 가능성이 크다. 부모가 제안하면 최소한 시도해보려는 성의는 보여야 한다.

C(Consequence: 결과)**는 선행사건에 대해 비합리적인 신념체계로 해석했을 때 발생하는 정서와 행동의 결과다.**

: 집에서 편히 쉬지 못하는 불편함을 겪어 피곤하고 화가 난다. 자기 역할을 제대로 못 하는 아이 때문에 아이의 현재와 미래에 대해 불안과 좌절을 느낀다. 아이의 행동을 변화시키는 역할을 제대로 하지 못해 부모로서 무능하다는 자괴감마저 든다. 이기적인 딸에게 서운하고 아이를 위해 살아온 내 인생이 무의미한 것 같아 허무하다.

D(Dispute: 논박)**는 개인의 신념체계가 사리에 맞고 합리적인지 논박한다.**

: 집이 물리적으로 깨끗한 공간일 때만 편히 쉴 수 있다는 주장은 근거가 있는가? 오히려 지저분하다고 화내는 사람이 집안 분위기를 흐리는 것은 아닐까? 정리정돈 능력은 모두가 갖춰야 할 필수능력인가? 정리정돈을 잘하지 않더라도 자신만의 효율적인 생존법을 찾으면 안 되는가? 지금 정리정돈 습관을 기르지 않는다고 성인이 돼서도 못 할 거라는 생각은 타당한가? 청소년기에 주어진 일을 해내지 못한다면 성인이 돼서도 자신이 맡은 일을 제대

로 해내지 못하는 사람이 되는가? 10대 소녀의 심리적 특성으로 새로운 자기 중심화 경향을 이해한다면 딸의 행동을 이기적인 태도로 간주할 수 있는가? 10대 딸에게 정리정돈을 하라고 부모가 제시하면 자녀가 무조건 시도해야 한다는 생각은 민주적인 양육 방식인가?

E(Effect: 효과)**는 비합리적인 신념을 철저히 논박해 합리적인 신념을 갖게 된 이후의 결과다.**

: 아이의 행동으로 인해 불편을 겪기도 하지만 아이의 사적 영역으로 인정하니 아이 삶의 방식을 존중하는 차원에서 접근해야 할 문제로 인식된다. 정돈된 상태가 누구에게나 최적의 상태라는 생각은 편견일 수도 있다고 생각하니 아이에게 내 기준을 강요하고 있었다는 점에서 오히려 미안한 마음이 든다. 집이라는 공간이 항상 정돈돼 있어야 한다는 생각은 자의적 기준이라는 점을 인식하니 합리적 방안을 찾아야겠다는 변화가 생겼다. 가족 구성원 간 소통을 시도할 근거를 찾고 문제해결 방법을 모색할 수 있으니 희망적이다. 사춘기 딸의 발달 특성을 이해하고 내가 먼저 아이의 사생활을 존중한다면 아이와 온정적 관계를 회복할 수 있다. 성장 과정에 있는 딸을 존재 자체로 수용하면 아이는 자기 행동의 의미를 찾아내고 자율적으로 변화할 것이라는 믿음이 생긴다.

불통의 원인은 자녀 탓이 아니다

ABCDE 원리에 따라 내 생각을 정리하니 오히려 나의 비합리적인 신념체계에서 비롯된 분노의 감정으로 서로 소통하기 싫은 상황으로 치닫고 있음을 깨달았다. 나의 신념체계 중 비합리적인 부분을 찾아낸 후 아이의 행동이 내 분노의 원천이라는 확신을 수정하게 된다. 아이의 정리정돈에 대한 나의 낮은 수용 수준과 편협한 신념에 따른 부적절한 감정으로 아이와 제대로 된 소통을 못 했다는 점을 되돌아보게 되었다.

엘리스는 관계에서 우리가 느끼는 감정이나 행동을 효과적으로 변화시키길 원한다면 신념체계를 바꾸는 것부터 시작해야 한다고 강조한다. 자녀와 제대로 소통하지 못하는 원천은 자녀의 행동 때문만은 아니라는 것을 기억해야겠다.

내 분노의 원천은 자녀 때문이라기보다
비합리적인 신념에서 비롯된다.

자녀를 손님이라고
생각하고 말문 열기

부모의 슬기로운 감정 표현

아침에 일어나 아이의 하루를 비참하게 만들겠다고 작심하는 부모는 없다. 하지만 부모가 아무리 좋은 마음을 먹더라도 복잡한 일상에서 일어나는 상황에 적절히 반응하기란 쉽지 않다. 부모의 반응은 자녀의 인격과 자존감에 영향을 미친다. 이때 자녀의 감정을 있는 그대로 수용하되 잘못된 행동에 초점을 맞추는 대화를 통해 부모가 자녀의 인성을 공격하지 않는 것이 중요하다.

기너트는 인간의 잠재력을 신뢰한다. 개인이 경험을 통해 선택과 자유, 책임, 의미를 추구하는 삶을 살아간다는 인본주의

심리에 기초해 부모와 자녀가 서로 존중하는 의사소통 방법을 제안한다. 자녀를 사랑하는 마음과 별개로 부모도 경험한 적 없이 부모가 됐기 때문에 자녀를 독립된 인격체로 존중하는 의사소통 기술을 배울 필요가 있다고 보았다. 특히 자녀와 상호작용하는 과정에서 일어나는 부정적 감정을 솔직히 표현함으로써 자녀도 부모의 감정을 더 잘 이해할 수 있다는 점을 강조한다.

좋은 부모는 화가 나더라도 잘 참아내야 한다는 일반적인 생각과 달리 부모도 화를 낼 권리가 있다고 본다. 대부분의 부모가 감정이 끓어오르는데 아무렇지도 않은 척하며 감추는 행동은 자녀에게도 도움이 되지 않는다. 아이들은 감정에 맞게 행동하는 태도를 배워야 하기 때문이다.

후회막심 감정 표현

부정적 감정을 적절히 표현하는 것을 배우지 못할 때 우리는 냉정함을 잃는다. 부모도 냉정함을 잃으면 사랑하는 아이에게 야단을 치고 창피 주는 말을 퍼붓는다.

나도 아이의 방을 볼 때마다 '아휴, 돼지우리가 따로 없네!'라는 생각이 들며 이내 "제정신이면 이렇게 지저분한 방에서 살 수가 있니? 네 방은 치워줄 가치도 없어!"라는 말이 쏟아져 나온다. '아차, 실수했구나!'라고 후회하지만 이미 폭발해버려주워 담을 수 없다.

이와 같은 표현이 내 감정을 제대로 드러낸 것은 아니다. 시원하기는커녕 곧바로 후회가 밀려오기 때문이다. 마음 깊은 곳에서는 여전히 딸을 사랑하고 인격을 존중하고 싶은 데도 그 부분을 표현하지 못했다. 부정적 감정을 솔직히 드러내면서도 객관적 태도를 유지해 아이의 인성을 공격하지 않는 소통법을 찾아내야 한다. 갈등 상황에서 내가 어떤 말을 주로 하는지 떠올려보았다.

"옷 치워야지."

물론 이쯤에서 끝이 아니다.

"에구! 이런 방에서 너는 도대체 어떻게 사니?"라는 말까지 덧붙이고야 만다.

"수분크림 뚜껑 좀 닫아라!"

물론 여기서 끝나지 않는다.

"에구, 아까워라! 저게 얼마나 비싼 건데 저렇게 놔두니? 너는 좋은 거 사주면 안 돼"라는 말까지 한다.

"우유 다 먹었으면 냉장고에 넣어라. 상하잖아!"

그리고 한심하다는 표정으로 한마디 덧붙인다.

"아프리카의 굶는 애들 생각 좀 해라. 쯧쯧."

밑도 끝도 없이 비아냥거리고 만다. 이렇게 말하면 소통이 안 된다는 것을 알지만 이미 말은 내 입 밖으로 나와 아이의 마음을 찌른다.

공격한 만큼 반격한다

소리를 지르거나 위해를 가하진 않았지만 내 말속에는 '네가 잘못하기 때문에 너는 형편없는 아이다'라는 의미가 함축돼 있다. 물론 '부모가 얼마나 속상하면 저렇게 말할까?' '아이가 얼마나 게으르면 저럴까?' '부모가 저 정도 말도 못 해?'라고 정당화할 수도 있지만 건설적이지 못한 대화인 것은 분명하다. 내 감정이 폭발했지만 아이의 인성을 부정하고 잠재력을 신뢰하지 않는다는 신호를 아이에게 지속적으로 보내고 있기 때문이다.

아이에게 한 말이 틀리지 않았더라도 내가 뱉은 말은 언어가 가진 파괴력을 발휘하고 있었다. 딸은 이미 기분이 상해 요즘 아이들 말로 '뭐랭?('뭐라는 거야?'라는 뜻의 비속어)'이라며 자리를 피해 버린다. 이런 반응은 자신의 태도를 절대로 되돌아볼 생각이 없다는 것이다. 소리를 지르지는 않았지만 아이도 엄마에게 나름대로 '반격'을 하고 있다.

아이의 반격은 '도대체 무엇 때문에 내가 이런 소리를 들어야 하는 거지?' '뭘 심각하게 잘못했다는 거지?'라는 표정이다. 그리고 아이 나름대로 상황을 파악한다. '아, 지금 엄마 마음에 안 드니까 저러는구나' '매사 자기 마음대로야'라고 생각해버린다. 그래서 민객의 수위도 시니길하다.

잔소리 대신 협조 구하기

임상심리학자이자 아동심리치료사인 하임 기너트[Haim G. Ginott]에 따르면 언어를 이용한 비난은 일련의 맞대응을 초래하고 이는 아이와 부모 모두를 비참하게 만든다. 부모가 화가 났다는 사실을 강조하기 위해 화풀이하는 방식도 바람직하지 않다. 자신의 감정을 솔직히 드러냄으로써 부모는 위안을 얻고 아이도 자신의 행동을 돌아보도록 하는 것이 필요하다. 부모와 아이 모두에게 부작용 없는 방법으로 자신의 감정을 솔직히 표현하기 위해서는 부모의 지속적인 훈련이 필요하다.

기너트는 부모의 의사소통을 외과 의사에 비유했다. 수술 부위에 조심스럽게 칼을 대는 외과 의사처럼 부모도 말을 기술적으로 사용해야 한다고 조언했다. 수술을 집도하는 외과 의사가 신중히 칼을 대듯이 아이와 소통하기 위해 어떻게 대화해야 하는지 자세히 살펴봐야 한다. 그래서 내가 한 말을 분석해보았다.

"옷 치워라" 또는 "뚜껑 좀 닫아"라고 말할 때 나는 사실을 알려준다고 여겼지만 그렇지 않다. 이것은 전형적인 지시나 강요이며 일방적인 해결책의 제시다. 그럼 어떻게 말해야 사실을 알려주는 것일까? "옷이 침대에 있네" 또는 "로션 뚜껑이 열려 있네"로 수정해야 한다. 객관적이고 구체적으로 현재 상황을 기술해주는 것이다. 이후의 행동은 자신이 결정하도록 해야 한다. 그런데 부모는 상황을 빨리 종료하고 싶은 마음이 앞서서 일어나야 할 해결책을 먼저 말해버린다.

아이가 부모의 반복된 잔소리를 듣기 싫어 주변을 정리했다면 자발적으로 선택하지 않은 행동이므로 내면화되지 않았을 가능성이 크다. 이는 아이 스스로 결정할 기회를 제한해 책임 있는 선택을 하는 독립적인 성인으로 성장하는 것을 방해한다. 그런데 여기서 끝이 아니라 엄마의 말에는 더 심각한 비난이 응축돼 있다.

대화할 때는 자존심 존중이 최우선이다

"너는 게으르고 지저분한 아이야!"

"너는 당연히 해야 할 일을 하지 않은 것으로 봐 책임감이 부족해!"

"너는 소비에서 경제관념이 부족한 아이야!"

"너는 물건을 하찮게 여기고 소중히 다루지 않아!"

"너는 물질적인 풍요를 당연하게 생각할 뿐 감사하게 받아들이지 않아!"

"너는 약자가 겪는 고통에 연민 따위는 없는 매정한 사람이 구나!"

내가 한 말에 스스로 놀랐다. 순간적으로 화가 나 뱉었던 그 단순하고 짧은 말속에 이렇게 심각한 비난과 빈정거림, 지시, 강요, 충고, 훈계가 숨어 있었다. 자신을 평가절하하는 엄마의 말에서 억울함을 느낀 아이는 "뭐랭?"이라며 자리를 피할 수밖에 없다. 에구구, 망했다! 아이의 행동을 돌아보게 하기는커녕 아이의 마음에 억울함과 상처만 남겼을 뿐이다. 후회는 내 몫으로 남는다.

이렇게 비극적인 대화가 오가는 것은 사랑 부족 때문이 아니라 인격체로 서로 존중하는 마음이 부족하기 때문이며 지식 부족 때문이 아니라 아이와 대화하는 기술이 부족하기 때문이다. 딸과 대화할 때는 부모가 자존심을 지키고 싶듯이 아이의 자존심도 존중해줘야 한다. 그런데 아이의 자존심에 상처를 주는 말을 함으로써 딸의 마음에 깊은 상처를 남기고 상처를 받은 아이는 부모의 말을 무시하는 태도를 선택함으로써 부모의 자존심에 상처를 주려고 한다.

기너트는 불편한 감정의 원인을 알려주고 그로 인해 느껴지는 감정이 무엇이며 어떻게 행동하면 좋을지를 아이에게 다음과 같이 요구할 것을 권한다.

"운동화, 양말, 셔츠, 스웨터가 거실 바닥에 널려 있는 걸 보면 화가 나 참을 수가 없어. 전부 창문 밖으로 던져버리고 싶어!"

이처럼 부모가 객관적인 사실을 말하고 이에 따른 감정을 솔직히 표현하는 과정에 아이의 인격에 대한 공격은 담겨 있지 않다. 서로에게 상처를 주지 않으면서 부모의 현재 감정을 알릴 수 있다. 감정은 강물과 같아 방향은 바꿀 수 있지만 멈출 수는 없다.

내 마음대로 감정을 폭발시키는 것과 내 감정을 솔직히 드러내는 것의 차이를 인식하고 실천하기 위해 한 가지 방법을 활용해본다. 소통의 대상이 내 아이라고 마음대로 하기보다 내 집에 초대한 손님 대하듯 해보는 것이다. 손님이 주인 마음에 들지 않는 행동을 했다고 해서 집주인이 속에 있는 말을 다 내뱉지는 않는다. 초대받은 손님의 마음이 불편하지 않도록 최대한 배려하면서 서로에게 필요한 부분을 알려준다. 내가 초대한 사람이기에 최대한 존중할 준비가 돼 있기 때문이다.

자녀는 세상에 초대받은 귀한 손님

자녀를 세상에 초대한 사람은 부모다. 부모가 초대했기에 부모가 자녀를 환대해야 한다. 손님으로 내게 온 아이에게 함부로 말하면 안 된다. 지시, 강요, 조소, 비아냥, 훈계, 충고, 해결책

제시를 최대한 배제하고 객관적인 사실 위주로 말했더니 아이의 반응도 달라진다.

"내일도 입고 갈 건데 뭐하러 치워? 이 정도면 별로 지저분한 것도 아냐."

"좀 있다가 뚜껑 닫을 거야."

"엄마, 내가 지금 학원 늦어서 그래. 다녀와서 치울게."

"냉장고에 넣으려고 했는데 잊어버렸네."

아이의 대답을 통해 아이가 처한 상황을 읽을 수 있는 단서들을 찾게 된다. "뭐랭?"이라는 한마디에는 함축된 의미가 많아 아이의 생각을 제대로 읽을 수 없었다. 그래서 나는 아이가 책임감 없고 게으르며 배려심이 없다는 생각을 강화하고 더구나 내가 화날 때면 경제관념도 없고 인류애도 없는 아이라고 마음에도 없는 말을 내뱉었다. 그런데 딸을 손님 대하듯 하니 아이 말이 좀 길어진다. 우리의 대화도 깊어진다.

자녀를 세상으로 초대한 부모다.
그러므로 부모는 손님을 대하듯 자녀를 존중해야 한다.

Chapter 4

4차 산업혁명 시대의
부모 인문학

4차 산업혁명 시대,
부모가 바뀌어야 한다

포스트 휴먼시대, 부모가 나아가야 할 방향

우리 사회는 단기간에 급속한 성장은 이루었지만 더 나은 삶을 추구하는 개인들의 다양한 요구가 제대로 반영되지 못한 채 4차 산업혁명이라는 거대한 변화를 맞았다. 과학기술의 발달로 급격한 사회 변화를 겪으며 인류의 미래를 낙관적으로 전망했지만 개인은 잉여적 존재로 전락할지도 모른다는 불안감을 안게 되었다.

인간과 기계의 경계가 모호해지는 '포스트 휴먼Post Human' 시대에 인간은 어떤 방식으로 행복을 추구해야 하는지가 우리 모두의 과제다. 로봇 시대에 인간이 인간답게 살려면 어떤 힘이 필요할까? 한 번도 경험하지 못한 변혁의 시대에 자녀를 성장시킨 부모들이 생각해봐야 할 문제다.

근대 이후 합리적으로 생각하는 인간이 '중심'이 돼 세계를 해석하고 이끄는 것이 당연시되었다. 인간의 생명을 연장하고 질병을 정복하고 눈부신 문명의 발달을 이루기 위해 인간에게 필요한 것이라면 뭐든지 얻으려 경쟁적으로 내달렸다. 그 결과, 한 세기 전 인류가 상상하지도 못한 쾌적한 세상이 되었다. 교통, 건축, 의료, 유전공학, 쇼핑, 레저, 풍성한 식탁을 위한 과도한 도축과 유전자 변형 곡식 등을 통해 편리함과 풍요를 증대시켜왔다. 이 모든 것은 인간이 합리적으로 사고할 수 있는 덕분으로 여겼다. 부모는 자녀가 이성적인 능력을 길러 자신이 속한 세상에 질서와 의미를 부여하고 발전 방향을 주도하는 인재로 교육하고자 했다.

20세기를 거치며 전쟁과 기후변화, 부의 양극화로 인한 갈등 문제를 겪으며 인간이 주도해온 문명의 발달이 오히려 인류를 위협한다는 우려가 생겼다. 더구나 빠른 속도로 성장 중인 인공지능 기술이 만들어내는 세계에서 인간은 이성적이고 자율적인 존재라기보다 네트워크의 일부로 이해되는 관점까지 등장하고 있다. 파격적인 변혁 중 인간을 능가하는 지능과 기능을 가진 기계가 출현한다면 우리 아이는 무엇을 하며 어떤 모습으로 살아갈까?

현재는 부모가 성장했던 산업화 시대에 요구되던 능력과 우리 아이가 살아갈 21세기에 필요한 능력은 다를 것으로 예측할 뿐이다. 우리 아이에게 과연 어떤 교육이 필요할까? 다양한 방식으로 미래를 그려보지만 기술변화의 양상과 속도는 우리의 상상을 초월한다. 자녀가 살아갈 시대의 변화에 관심을 갖고 인간을 이해하려는 시도가 부모에게 필요하다.

메타버스에 대처하는 부모의 자세

이스라엘의 역사학자 유발 하라리Yuval Noah Harari는 열다섯 살 소년에게 내가 해줄 수 있는 최선의 조언은 "어른들에게 너무 의존하지 말 것"이라고 했다. 과거에는 세계가 서서히 변했고 어른들이 세상을 잘 알았기 때문에 어른의 말을 따르는 것이 상대적으로 안전했지만 21세기는 어른의 말이 시간을 초월한 지혜인지, 시대에 뒤떨어진 편견에 불과한지 결코 확신할 수 없기 때문이라고 했다. 그만큼 세상이 단기에 변화한다는 뜻이다.

인간의 상상력이 반영된 웹툰, 소설, 영화, 미술 등의 영역에서 미래사회의 변화는 단골 주제로 다뤄진다. 문화를 소비하는 개인은 예술가의 상상을 빌어 미래사회에서 살아갈 인간의 모습을 막연히 그린다. 예술작품은 시대 문제의 핵심을 꿰뚫도록 자극하는 중요한 텍스트가 돼왔다. 그중 영화적 상상력은 새로운 테크닉과 결합돼 앞으로 펼쳐질 세상을 나양한 변수에 기반해 구체적으로 예측하도록 돕는다.

영화 〈어벤저스〉나 〈빅 히어로〉를 보면 인공지능의 발달로 인류가 더 풍요로운 삶을 살 거라는 낙천적인 상상을 하게 된다. 반면, 영화 〈매트릭스〉를 시작으로 〈트랜센던스〉 〈블레이드 러너 2049〉 〈엑스마키나〉 〈킹스맨〉을 보면 흥미와 충격을 넘어 우리 아이들이 미래사회에서 과연 인간답게 살아갈 수 있을지 걱정이 더해진다. 더 혼란스러운 것은 영화 〈에이 아이〉 〈채피〉 〈바이센테니얼 맨〉 〈그녀〉에 등장하는 인공지능 캐릭터를 단순한 기계로 단정할 수 있을지 여부다.

유발 하라리는 생명기술과 딥러닝 기술이 발달함에 따라 인간의 심층 감정과 욕망까지 조작하는 것이 쉬워지고 그만큼 우리의 마음을 따르는 것도 점점 위험해질 것으로 예상한다. 거대 자본가, 시장 전문가, 언론에서의 지속적인 메시지가 개인의 선택을 좌우하는 데 상당한 영향력을 행사한다는 것을 미처 인지하지 못한 사람은 자신이 선택했다고 착각할 가능성이 크다.

일상에서 우리가 내리는 많은 선택은 이미 추천 앱에 의해 결정되고 있다. 어디를 가고 무엇을 먹을지 등 알고리즘이 추천하는 것을 먼저 고려한다. 내가 원하는 것이 무엇인지조차 혼동

할 수 있는 현실에서 자신을 제대로 아는 데도 각별한 노력이
필요하다.

낯선 것이 새로운 기본

4차 산업혁명으로 인한 사회 전반의 파격적인 변화 속에서
자녀의 인간다운 삶을 위한 부모의 인간 이해는 어떻게 달라져
야 할까? 그런데 이런 질문을 하기도 전에 어떤 부모는 시대 변
화에 따라 우리 아이가 새로 배워야 할 과목에 주목한다. 그 결
과, 수학, 유전공학, 코딩 등의 학습을 강화하기 위해 학원에 등
록한다. 인간의 능력을 추월하는 인공지능으로 일자리를 잃을
지도 모른다는 불안과 두려움에 발빠르게 대처하기 위해 수학,
과학 지식과 기술이 더 중요해졌다는 부모의 판단에서다. 시대
가 바뀌어도 자녀의 안정적인 삶을 준비해주려는 부모의 바람
은 변하지 않기에 아이들의 삶에서 학습 콘텐츠만 바뀐 채 부모
에 의해 일과가 디자인되는 불편한 교육을 상상하게 된다.

그런데 많은 교육 전문가들이 학교 교육의 내용을 '4C' 즉,
비판적 사고Critical Thinking, 의사소통Communication, 협력Colaboration, 창
의성Creativity으로 전환해야 한다고 주장한다. 오히려 학교는 기
술교육 비중을 줄여야 한다고 주장하는 유발 하라리는 '낯선 것
이 새로운 기본New Normal이 된다'라고 본다. 그는 변화에 대처하

고 새로운 것을 학습하며 낯선 상황에서 정신적 균형을 유지하는 능력을 통해 사신을 재탄생시키는 교육을 해야 한다고 조언한다.

삶의 방식에 이미 큰 변화가 생기고 새로운 것이 어느새 익숙한 것이 돼 있다. 우리는 회사에 재직한다는 의미로 '회사에 다닌다'라는 말을 쓴다. 회사가 있는 공간으로 가야만 일을 할 수 있던 시대에 통용되던 표현이다. 그런데 2021년 은행권을 중심으로 메타버스 기술이 등장했다. 오프라인 중심이던 '일'을 가상공간으로 옮겨온 것이다. 한 부동산중개 플랫폼 업체는 메타버스를 구현한 메타폴리스라는 디지털 오피스에서 실제로 업무를 보기 시작했다. 가상공간에서 통신망으로 업무를 볼 때 현재 겪는 많은 문제가 자동으로 해결될 가능성이 크다. 회사에 출·퇴근해야 했던 시대에 주거나 교통에 들어간 비용을 여가생활에 배분하거나 직접 방문하지 않고도 아바타를 통해 복잡한 업무를 처리할 수 있다.

번거로운 일을 간편하게 처리하는 세상이 오면 우리 아이들은 삶의 여유가 생기고 풍요로운 삶을 살게 될까? 생활이 편리해지면 인생에 대한 충족감과 만족감도 자연스럽게 높아지는가? 사람과 사람이 직접 만날 필요가 없는 세상은 이전과 매우 다른 양상으로 변할 것이다. 몇 년 전만 하더라도 성공하려면 혼자 밥 먹지 말라는 말이 있었다. 문제해결의 가장 좋은 방법은 번거롭더라도 직접 만나는 것이었다. 그런데 요즘 아이들은 혼밥, 혼술을 하고 온라인상에서 비판적 사고와 의사소통하는 법을 배우고 협력하고 창의적인 문제해결을 시도한다. 이런 현상에 대해 기성세대는 막연한 불안감으로 뭔가 잘못돼 간다고 느끼기도 한다.

아들이 친구들과 온라인 게임인 〈리그 오브 레전드〉를 하는 모습을 보면 21세기 핵심역량인 4C가 유감없이 발휘되는 것 같다가도 이런 모습이 며칠 동안 이어지면 은근히 걱정된다. 공부뿐만 아니라 노는 것, 쉬는 것도 PC나 스마트폰으로 해결하는 삶에서는 인간다운 활력이 생기지 않을 것 같아 안타깝다.

과거를 탈피해야 미래로 갈 수 있다

어쩌면 부모에게 익숙한 과거의 생활방식을 기준으로 아이의 삶을 보는 한계에 부딪힌 행태일 수도 있다. 물론 닥쳐오는 변화에 부모가 무조건 끌려가자는 것은 아니다. 거스를 수 없는 변화를 겪어야 한다면 기존의 것에 집착하는 태도를 버릴 수도 있어야 한다는 말이다.

세상에 존재하는 모든 것과의 협업을 통해 자신의 삶을 새로운 방식으로 디자인할 수 있는 시대다. 지금까지 인간다운 삶이라고 규정했던 생각이 개방적으로 검토돼야 하는 시점에서 인간다운 삶을 누리기 위한 교육이 되기 위해서는 과거의 방식에서 벗어나야 하는 것은 분명해 보인다.

우리 아이가 살아가는 인공지능 시대에도 여전히 부모의 지도와 충고에 의지하는 아이로 자라길 바라는 것은 아닌지 부모 스스로 질문해야 한다. 포스트 휴먼 시대의 인간다운 삶이란 어떤 모습이며 어떻게 펼쳐질지 부모가 적극적으로 상상하는 오늘이 되길 바란다.

유발 하라리가 부모에게 들려주는 새로운 시선

이전과 다른 '낯선' 부모가
새로운 기본New Normal이 될 시대가 왔다.

창의성의 핵심은
해체다

창의성이 강조되는 시대

아이들은 오랫동안 대학입시라는 획일적인 목표 하나만 보고 달려간다. 자세히 들여다보면 유치원 때부터 시작된 마라톤이다. 공부뿐만 아니라 예·체능도 마찬가지다. 성공적인 입시를 위해 아이들의 예술성이 관리되고 디자인된다. 획일적인 기준이 적용되는 삶에서 개인이 답답함을 느껴도 그것이 인생이라며 순응해왔다. 하지만 더는 우리의 순응적인 태도가 안정적인 삶을 보장하지 못하는 시대가 됐다고 생각한다.

인간만 할 수 있다고 확신했던 영역까지 인공지능이 관여하면서 이제 인간은 어떤 역량을 길러야 하는지가 교육의 화두다.

무엇으로도 대체될 수 없는 인간의 역량을 찾으려는 고민이 깊은 가운데 창의성이 강조되는 시대다.

틀에 박힌 사고에서 벗어나 삶의 다양성을 인정하고 창의성을 길러야 한다는 교육 전문가들의 의견이 지배적이다. 지금까지 학교의 중요한 기능 중 하나는 표준화된 지식과 기술을 가르치고 그에 따른 능력을 평가해 학생을 적재적소에 배치하는 것이었다. 교육을 통해 누구에게나 공평한 기회가 보장되기 위해서는 표준화된 기준으로 평가하는 것이 중요하다. 표준화된 지식을 일률적인 기준으로 평가하는 시스템에서 다양한 교육 활동은 위축된다. 시대적 요구를 구현하기 위해 현재의 교육 시스템이 바뀌어야 한다고 우리 모두 인식하지만 한 점의 의혹도 없는 객관적인 기준으로 우열을 평가하는 것이 최우선이라는 학부모들의 의식은 여전히 뿌리 깊다.

창의성이 중요하다지만 여전히 성적으로 아이의 삶이 바뀔 수 있는 현실에서 우리가 무엇을 어떻게 지원해야 할지 막막한 가운데 먼저 부모가 변화해야 할 점은 무엇일까?

부모의 과거로부터 자유로우려면 우리가 살아온 방식의 한계에 대한 검토가 필요하다. 창의성을 기르는 데 제약이 됐던 감춰진 요인을 발견하고 이런 제약으로부터 자유로워지는 방안을 찾아야 한다. 창의성은 새로운 것에 개방적이고 모호함을

참아내고 서로 협동하고 도전하고 인내하고 공감하고 의사소
통하고 배려하면서 길러진다. 우리에게 익숙한 삶의 방식과 교
육에 대한 가치관으로 이런 능력을 기를 수 있을지 알아보기 위
해 우리 아이들의 성장 과정을 세심히 들여다보려고 한다.

똑같은 목표 지점으로 달려가는 아이들

유아들은 무엇을 하며 하루를 보내야 할까? 놀이다. 즐겁게
자유롭게 노는 것이 유아의 일상이다. 그래서 유아교육 과정도
놀이 중심으로 구성돼 있다.

우리나라의 유아들은 과연 잘 놀고 있을까? 겉으로는 그렇
게 보인다. 다만, 자세히 살펴보면 놀이를 하면서도 초등학교
생활 준비가 시작된다는 점이다. 유아들은 읽기, 쓰기, 셈을 하
고 수학과 과학을 놀이로 풀어내는 학원에 다니거나 방문교육
을 받기도 한다. 또한, 언어발달 민감기를 놓칠세라 영어나 중
국어 학습을 시작하거나 한자 학습지도 푼다. 체력과 운동능력
을 키우고 또래 친구들과 어울리기 위해 태권도, 발레, 축구를
배우거나 소근육 발달과 창의성을 높이는 종이접기, 점핑 클레
이를 배운다. 시간과 경제적 여유가 있으면 피아노, 바이올린
등의 악기 연주나 동요도 배운다. 이렇게 많은 배움 중 한두 가
지 이상은 이미 시작한다. 학원 다니는 일상이 자연스럽다.

이런 준비 과정을 거쳐 초등학교에 입학한 아이들은 재미 삼아 다니던 영어학원에서 체계적으로 관리하는 영어학원으로 옮겨 다니는 횟수도 늘어난다. 독서량을 늘리고 글쓰기를 배우기 위해 논술학원에 다니거나 영재학급에 들어가기 위해 과학학원에도 다닌다. 초등학교 고학년부터는 제 학년 수준의 교육과정을 공부하면 미래가 없다. 선행학습은 물론이고 다양한 교육 체험을 통한 결과물을 산출하기 위해 각종 대회에 참가한다. 특목중이나 특목고 입학을 위해서는 적극성을 갖춘 자기주도적 아이로 성장하고 있다는 것을 입증해야 하기 때문이다.

바쁘고 규칙적인 생활에 익숙해진 아이들이 중학생이 되면 학교와 학원 위주로 일과가 돌아간다. 명문대 입학을 보증하는 특목고에 진학하거나 일반고에서 상위권 성적을 받기 위해 학습량이 늘어난다. 게다가 특목고의 문은 좁다. 아무리 열심히 해도 입학 보장이 없지만 다른 특별한 재능이 없는 이상, 아이들이 한 번쯤 꿈꾸는 목표가 되기도 한다. 이 과정에서 어떤 아이는 더 전진하는 반면 어떤 아이는 좌절한다.

인문계 고교생의 대부분은 자의든 타의든 대학입시 준비 대열에 선다. 아이들이 같은 지점을 향해 달린다. 1년만 두 눈 꼭 감고 앞만 보고 달리면 된다는 신념으로 고3 수험생활을 시작한다. 돌아보면 나름 힘들게 달려왔다. 공부하느라 힘들었거나 공부하지 않는 자신이 힘들기도 했다. 나를 포함해 모두 달리고 있으니 힘들어도 대놓고 멈추기는 어려울 것이다. 특별히 나만 남들 눈에 띄고 싶지 않기 때문이다.

다른 길을 탐색하고 싶지만 막막하다. 어쩔 수 없이 일단 같은 방향으로 달려야 할 것만 같다. 친구들이 가는 길로 함께 가지 않으면 '아싸outsider'가 될 것 같다. 배제되거나 소외당할까 봐 두렵다. 그냥 남들 하는 대로 사는 것이 편하다.

부모의 목표는 피라미드 꼭대기에 서기

부모는 자녀가 유치원에 다닐 때부터 대학에 들어갈 때까지 학교에 잘 적응하고 좋은 결과를 내도록 지원한다. 학년이 올라 갈수록 부모는 자녀 입시의 전략가가 된다. 몇 년 전 세간의 이목을 받으며 방영된 드라마 〈스카이캐슬〉은 자녀를 명문대에 진학시키기 위해 안간힘을 쓰는 상류층 부모의 모습을 다뤘다. 물론 상류층 일부의 이야기를 과장했다고 할 수 있지만 정도의 차이일 뿐 사교육 광풍, 학습 매니저로서의 부모의 역할이 그들만의 이야기는 아니라는 점에서 우리의 관심을 끌었다.

집안의 재력, 엄마의 정보력과 실행력, 유능한 입시 코디네이터에 의한 학습관리 등이 성공적인 입시 조건으로 비춰졌다. 겉으로 보이는 부모의 교양 있는 모습과 달리 입시 목표를 달성하기 위해서라면 비교육적인 태도도 서슴지 않는다. 시청자들도 '부모가 저렇게까지 하나?'라고 생각하다가도 자식 일이라면 저럴 수도 있겠다는 생각이 들기도 한다. 반칙을 저지르면서까지 자녀 일에 개입하는 부모를 비난하면서도 내심 원도 한도 없이 지원해줄 수 있는 부모가 은근히 부럽기도 하다.

다양한 배경의 부모들이 더 높은 곳에 올라가기 위해 수단과 방법을 가리지 않는다는 공통점을 발견할 수 있다. 극 중 로스쿨 교수인 아버지가 피라미드 모형을 제작해 놓고 위로 올라가는 것이 유일한 인생 목표라고 끊임없이 훈계하는 장면이 나온다. 위로 올라가기 위해 집중력을 높이는 방에 자녀를 가둬 공부를 강요하고 체벌까지 한다. 드라마를 보는 내내 '부모가 저렇게까지 위로 올라가길 강요하나?'라고 생각하다가도 현실에서 우리가 원하는 방향이 그 아버지의 가치관과 별로 다르지 않다는 점에 잠시 민망해지기도 한다.

피라미드는 위계 구조의 원형이다. 맨 위에 신이 있고 아래로 내려갈수록 천사, 인간, 동물 등이 배치되는 구조다. 그런데 인간의 이성이 맨 꼭대기를 차지하는 근대 이후 인간이 중심이 돼 세계를 해석하고 인간의 필요에 따라 다른 대상을 지배한다. 인간은 지배력과 권력, 돈, 지식 등을 더 많이 갖기 위해 애쓴다. 모두 꼭대기로 올라가려는 동일한 목표를 세울 때 경쟁은 치열해진다.

물론 모든 부모가 집 한 채 값의 어마어마한 사교육비를 쓰거나 자녀의 도둑질을 스트레스 해소 차원으로 합리화하고 비호하는 비교육적인 행위를 하지는 않겠지만 할 수만 있다면 모든 자원을 쏟아붓는다. 왜 부모는 위로 올라가려는 걸까? 위로 올라갈수록 더 행복하다고 생각하는 경향은 어떻게 강화되었나?

4차 산업혁명 시대에도 여전한 줄 세우기식 교육

뿌리를 근간으로 위로 뻗어 나가는 수목 중심의 사유를 거부하고 수평적 연결인 리좀Rhyzome을 통해 생성과 변화를 긍정하는 철학자가 질 들뢰즈Gilles Deleuze다. 부모가 맹목적인 교육열로 아이를 몰아붙이게 만드는, 보이지 않는 구조를 인식함으로써 원하든 원치 않든 '줄 세우기'식 교육에 참여하게 된 경위를 들뢰즈의 사유를 통해 알아보려고 한다. 4차 산업혁명 시대에 접어든 시점에서 부모가 근본이나 중심에 사로잡혀 특정 가치에 고착돼 있을 때 아이에게 어떤 영향을 미치는지 돌아볼 때다.

인간이 합리적인 사고로 규명한 보편적 진리, 본질의 개념은 완전하지 않으며 모든 것을 포함하지도 않는다. 그럼에도 불구하고 오랫동안 절대적 지위를 누려왔다. 들뢰즈를 비롯한 현대 사상가들은 보편적 진리와 가치를 추구하는 세상에서 배제

됐던 모든 것으로 관심을 돌린다. 플라톤Plato에서 시작돼 서구 사상을 관통하는 이데아Idea를 신리로 상정하고 이데아를 모사하는 정도에 따라 가치의 우열이 매겨지는 현상을 들뢰즈는 거부했다.

즉 보편적 진리가 규정되면 이를 구현하려는 시도로 삶의 방향이 일관된다. 모두 같은 방향으로 움직인다. 특정 가치나 원리가 세계의 중심으로 자리 잡으면 그 외의 관점이나 시도는 인정되지 않는다. 인간은 쓸모없는 것보다 중심에 가까워지려는 욕망을 채우기 위해 같은 방향으로 향하는 획일화된 삶을 추구하는 대열에 선다.

부모에게도 중심으로 향하려는 욕구가 있고 중심으로 향한 부모의 가치관은 아이에게 적용된다. 공부를 잘하는 학생이 훌륭하다는 가치관하에서 공부를 못하는 학생의 가치는 평가절하된다. 명문대를 나온 사람이 더 유능하다는 신념이 옹호되는 사회에서 명문대를 졸업하지 못한 사람의 능력은 평가절하되고 능력을 펼칠 기회조차 얻지 못할 수 있다.

부모는 내 자녀가 그런 처지에 놓이는 것을 바라지 않는다. 사회의 특정 가치를 수용하고 따르는 부모는 그 가치를 더 견고하게 만드는 역할을 한다. 그 결과, 학력에 대한 고정된 가치가 사회 전반에 만연하고 대학입학이 한 인간의 능력을 평가하는 기준으로 고착돼 우리 아이들 삶의 방향을 주도하는 현상으로 나타난다.

인간의 욕망은 억압에서 생긴다

들뢰즈는 우위를 점한 특정 가치의 해체를 시도했다. 인간은 욕망을 통해 생산하고 반격하고 차이를 만들어내는 존재다.

차이는 생성이다. 개념 중심으로 돌아가는 세계에서 포착되지 못한 것들을 차이의 관점에서 재배치한다. 천편일률적으로 살아가는 삶에서 탈주함으로써 차이가 생긴다.

들뢰즈는 우리 삶에서 개체들이 모여 영토를 이룬다고 보았다. 우리가 살아가는 집도 생활에 필요한 온갖 개체가 모인 하나의 영토가 된다. 집에 거주하는 사람, 의자, 식탁, 책상, 그릇 등이 결합돼 있다. 인간은 개체를 모아 영화관, 학교, 교회, 군대와 같은 영토를 만드는데 이를 '영토화Territorialization'라고 한다.

영화관은 입장권을 구매해 정해진 관람시간에 입장하고 정해진 좌석에 앉아 떠들지 않아야 한다는 규칙이 있다. 이처럼 모든 영토에는 보이지 않는 규칙과 제도가 존재하고 이것이 고착되는 것을 '코드화Encoding'라고 했다.

인간은 보이지 않는 규율, 규칙, 제도, 관습을 지켜가며 살아간다. 영토화와 코드화를 통해 인간은 서로 동일한 것을 추구한다. 숨 막힐 정도로 모두 같은 곳을 향한다. 획일적으로 고착된 삶에서 차이와 다양성은 설 곳이 없다. 들뢰즈는 인간의 욕망은 결핍에서 생기는 것이 아니라 억압에서 생긴다고 보았다.

인간의 욕망은 기존 질서를 받아들이지만 새로운 변화를 시도하기도 한다. 인간은 욕망하는 기계로서 생성하고 변화하는 존재다. 특정 방향을 향해 변화하는 것이 아니라 특정 기준이나 중심 없이 이리저리 뻗어 나가며 차이를 만드는데 이를 리좀으로 설명한다. 리좀은 잔디, 고구마와 같이 땅속에서 옆으로 줄기를 뻗어 나가며 성장한다. 뿌리를 근간으로 줄기, 가지, 잎이 자라나는 수목과 다르다. 수목은 뿌리가 중심이 돼 위로 자라며 위계적인 반면, 수평적으로 얽혀 나가는 리좀은 이 개체의 중심이 어디인지 알 수 없다. 다만, 절단과 접속을 반복해 차이를 만든다.

절대적 선, 불변의 진리에 비춰 가치를 판단하던 시대에는 기준이나 근본에서 동떨어진 것을 인정하지 않았다. 근본에 가까워지기 위해 동일성을 추구했다. 들뢰즈는 기준 자체를 부정했다. 기준이 사라지면 모든 것은 우열을 가릴 수 없고 차이만 존재한다. 성적을 기준으로 서열을 매겨 아이들의 능력을 평가해오던 방식을 해체한다면 어떤 사태가 벌어질까? 교실에서는 개인의 다양성이 인정될 수 있을까? 그리고 부모는 아이를 표준화된 기준에 맞추려는 시도를 멈추고 아이의 개성을 존중하고 아이의 다양한 능력을 인정함으로써 이를 자유롭게 드러내도록 격려할 수 있을까?

자본주의 사회에서 아무리 고결한 이상을 강조하더라도 일상에서 사람보다 돈이 중시된다면 사람 취급을 받기 위해서는 돈이 있어야 하고 돈을 버는 것이 삶의 목적이 된다. 훌륭한 인품이나 창의력을 갖춰도 돈이 없으면 그 가치를 제대로 인정받지 못하는 사회에서 인성교육이나 창의성 교육을 아무리 강조해도 제대로 실행될 리가 없는 이유다.

아이들이 탈주를 꿈꾸고 있다

드라마 〈스카이캐슬〉에 등장하는 부모들은 기존 위치를 유지하는 것을 욕망한다. 하찮은 존재가 되지 않기 위해 영토화와 코드화를 강화하고 정착하려고 한다. 더 위로 올라가 지배력을 강화하려고 한다. 그것만이 살길이라는 생각에 고착돼 있다. 삶에서 일어나는 다양한 순간과 사건은 사실 '우연'으로 결정되고 이를 통해 변화하는 것을 인정하지 않는다.

인생을 파도에 비유한다면 어떤 사람은 수많은 파도 중 위로 올라가 지배력을 발휘할 발판이 될 만한 파도만 골라 타려고 한다. 그런데 내가 딛고 선 파도는 이내 사라진다. 파도를 고를 시간이 주어지지 않는다. 지금 내가 디딘 파도가 사라지기 전에 다른 파도로 옮겨나야 하는 것이 인간의 운명이다. 내가 선택한 파도에 정착할 수 없다. 그래서 지금 타고 있는 파도로부터 탈주하지 않으면 안 된다. 동일한 것, 고착된 것으로부터 탈주하는 삶이 노마드Nomad적 삶 즉, 유목민의 삶이다. 인간은 기존 사회제도, 관습에 얽매인 지루한 일상에서 벗어나기 위해 탈주를 꿈꾼다.

우리는 관계를 통해 새로운 세상과 만난다. 거기서 또 배우고 변화하는 역동적인 존재다. 배워 익힌 것으로 살 수 있던 시대에서 배워 차이를 만들고 생성을 반복하는 시대로 바뀌고 있다. 이전에 존재하지 않던 것을 창조하는 것은 이미 존재하던 것에서 차이를 생성하는 과정과 다르지 않다. 과거를 부정하지 않고 과거를 답습하지도 않으면서 과거로부터 자유로워져야 할 때다.

지금까지 유효했던 기준과 신념을 해체하자는 들뢰즈의 사유에 부모로서 관심이 간다. 우리 아이가 학교나 학원에서 탈주할까 봐 불안한 부모가 먼저 해체해야 할 것을 오늘의 우리에게 들뢰즈가 질문해온다.

언제까지 아이를 줄 세우기 할 것인가?

지금 자녀가 살아 있는 것은 당연한 일이 아니다

하이데거가 말한 실존적 존재인 인간

진정한 앎이 삶의 변화를 만들어낸다는 생각이 틀린 것은 아니지만 그런 앎에 도달하기란 쉽지 않다. 요즘은 다양한 서적과 강의가 유튜브나 SNS에서 공유돼 누구나 원하는 정보와 지식을 쉽게 접할 수 있다. 어려운 사상을 이해하기 쉬운 일상언어로 풀어주는 배려는 기본이고 재미까지 있다. 듣다 보면 전에 몰랐던 사실을 알게 되거나 내 삶이 고양되는 듯한 기분이 들면서 살아가는 방식을 바꿔야겠다는 결심이 생긴다. 하지만 역시 결심은 결심일 뿐 관념적인 생각으로는 실제 삶의 방식을 바꾸기 어렵다는 것을 다시 확인한다.

더 나은 삶을 위해 변화의 필요성을 느끼지만 생각에 그치는 경우가 많다. 하지만 이런 경우는 좀 다르다. 극심한 만성 어깨통증에 시달리는 사람은 병원에 가도 그때뿐이라는 것을 경험해서 알기에 바쁘고 복잡하게 돌아가는 일상에서 꾸준히 운동을 하기로 결심한다. 결심에서 그치지 않고 스포츠센터에 등록해 규칙적으로 스트레칭을 시작하기도 한다. 극심한 어깨통증이라는 고통은 삶에서 즉각적인 변화를 이끄는 힘을 발휘한다. 인간은 외적 관찰이나 내적 반성을 통해서는 좀처럼 변화하지 않지만 실존을 흔들어 놓는 자극을 통해 변화가 시작된다.

앎을 통해 실제 삶의 변화를 맛보기는 어렵지만 육체와 정신적 고통을 통해 삶이 변화하는 사례를 주변에서 어렵지 않게 찾아볼 수 있다. 특히 누군가 고통스러운 암 투병 과정을 겪으며 보여주는 삶의 태도 변화는 보는 이를 숙연케 한다. 이는 어깨통증으로 인한 변화와는 차원이 다르다.

어깨통증이 가라앉으면 운동할 시간에 소파에 앉아 TV 리모컨을 이리저리 돌리는 생활로 돌아갈 확률이 높다. 하지만 내 삶이 이렇게 끝날 수도 있다는, 나는 언제든지 죽을 수 있는 유한한 존재라는 사실에 직면할 때 일어나는 삶의 변화는 생활 패턴을 바꾸는 데 그치지 않고 나의 존재 의미를 질문하도록 이끈다. 이 질문은 살아 있는 동안 어떻게 살아가야 할지를 선택하게 돕는다. 철학자 마르틴 하이데거(Martin Heidegger)는 죽음 앞에 선 실존적 존재로 불안에 직면하는 수행을 통해 존재의 의미를 찾게 된다고 보았다.

오직 인간만 존재의 의미를 묻는다

현실에서는 앎(Knowledge)을 통해 삶의 태도가 바뀌기보다 암(Cancer)을 통해 존재의 의미를 묻게 되고 삶의 태도가 변화하는 경우가 더 많다. 모든 인간이 언젠가는 죽는다는 막연한 사실을 넘어 내가 죽을 수도 있다는 사실에 직면할 때 자신의 존재에 대해 질문하게 된다.

하이데거는 존재에 대한 질문을 할 수 있는 유일한 존재자는 인간이라고 했다. 개별적인 인간을 보편성으로 묶어 파악할 때 존재를 제대로 이해할 수 없게 되는 문제점을 제기하며 존재와 존재자의 개념을 구분하지 않은 전통철학을 존재 망각의 역사라고 비판했다.

그는 '있는 존재 자체'를 문제 삼았다. 고양이, 시계, 나무, 에어프라이어, 인간 등 세상에 존재하는 수많은 존재자(Seiendes) 중 인간만이 존재의 의미를 묻는다는 점에서 다른 존재자와 구별된다. 존재의 의미를 묻는 인간만의 특성을 '현존재(Dasein)'라고 하며 존재의 의미를 묻는 삶의 방식을 '실존'이라고 했다. 인간은 왜 존재의 의미를 묻는 것일까?

본래적 태도와 비본래적 태도

바쁜 현대인은 여러 가지 불안을 느끼지만 불안을 직시하기는 어렵다. 공포나 두려움이 우리의 기분을 직시하는 것을 가로막기 때문이다. 공포감은 특정 대상에 대해 느끼는 감정이다. 현대인의 대다수는 사회적으로 생존하는 데 필요한 것을 잃을지도 모른다는 두려운 감정에 사로잡혀 평균적인 일상성을 유지하며 살아가는 데 힘을 쏟는다. 한층 더 복잡해진 일상에 몰두하면서 모르는 사이 자신을 잃어버린 채 살아간다. 자신을 잃는다는 말의 의미는 무엇인가?

하이데거는 과학기술이 고도로 발달한 문명 세계에서 복잡하게 살아가는 현대인들이 일상성에 몰두하느라 자기 존재 찾기를 그만두고 사는 것을 비본래적 태도라고 했다. 남들이 하듯이 도전하고 실패하고 절망하고 성공하는 사이클을 돌며 치열하게 살아간다. 그 이면에는 이렇게 살지 않으면 가난, 질병, 멸시, 차별, 소외 등을 겪을지도 모른다는 공포가 있다.

공포감으로 사는 사람은 인간 조건의 참된 본질을 모르거나 인정하지 않아 자신을 잃은 채 사는 것으로 보았다. 반면, 인간은 세상에 던져진 존재로 태어났지만 일상성에 매몰된 자신을 회복하는 것을 본래적 태도라고 했다.

죽음 앞에서야 실존적 각성이 일어난다

비본래적 태도로 자신을 잃어버린 채 살아갈 때 생기는 문제는 무엇인가? 우선 비본래적 태도가 대충 살아간다는 의미가 아니라는 점을 분명히 해야 한다. 자신을 잃어버린 채 치열하게 살 때 개인에게 돌아오는 영광이 무엇인지 톨스토이Tolstoy의 소설《이반 일리치의 죽음》에서 잘 드러난다.

부와 명예를 누리며 판사로 승승장구하던 이반 일리치는 어느 날 갑자기 불치병 선고를 받는다. 누구보다 잘 살아왔다고 자부했던 자신의 삶이 죽음 앞에서 통째로 부정되는 순간 유한한 존재인 자신을 본다. 이반 일리치가 병들기 전, 완벽하다고 할 정도로 안정된 삶에서는 자기 존재의 의미를 발견할 필요가 없었다. 지금까지 일궈온 부, 명예, 권력을 자신의 노력으로 얻은 것, 사는 동안 소유할 수 있는 것으로 여기며 모든 조건을 유지하는 데 유리한 판사라는 직분으로 자신을 대상화한 채 살아왔기 때문이다. 위장된 안심 상태에서 살았다고 할 수 있다.

평범한 일상을 지내는 사람들이 언젠가는 죽는 줄 알면서도 적어도 모든 것이 이렇게 멀쩡하게 돌아가는 지금 이 순간은 아닐 거라고 자신을 안심시키며 살아간다는 의미다. 하지만 이 엄청난 사실, 내가 죽는 것 그래서 내가 사라지는 것, 내 존재가 없는 상태 즉, 무(없음)로 돌아감에 직면할 때 지금까지 살아온 삶이 통째로 흔들리는 불안에 부딪힌다. 무엇을 위해 이렇게 치열하게 살아왔나? 내 삶이 여기서 끝난다면 얼마나 아깝고 허무한가? 이렇게 살려던 건 아니라는 실존적 각성이 일어난다.

불안은 공포와 달리 특정 대상에 대해 생기는 것이 아니라 삶 자체가 무의미해지는 근본적인 기분이다. 어떤 것으로도 내 존재를 설명할 수 없어 공허해지는, 이전에 의미 있던 것들이 무의미하게 느껴지는 상태다. 명확한 대상 없이 막연하게 느껴지는 '없어짐'에 대한 기분이다. 사회적 안전망 안에 안전하게 있고 싶은 마음은 공포에서 비롯되지만 무로 돌아갈 존재에 대한 물음은 불안에서 시작된다. 표면적인 조건의 무의미성을 깨닫고 자기 존재에 궁극적인 관심을 둔다.

이반 일리치가 그랬듯이 죽음의 그림자는 삶에 드리워져 있고 그것을 피할 수 없음을 각성하는 순간 우리는 존재의 본질을 찾으려고 한다. 비로소 타인이 부여했던 역할을 해내느라 버거웠던 삶의 무게를 내려놓고 죽음 앞에 선 실존자로 새로운 의미를 창출하는 것이다. 실존적 수행은 우리 존재의 깊은 실상을 그 자체로 드러내는 것이다.

자녀 양육은 또 하나의 실존적 수행이다

자녀를 키우는 과정은 실존적 수행과 다르지 않다. 세월호 사고를 경험했을 때 모든 부모가 겪은 충격은 말로 표현할 수 없었다. 사람들은 가슴 깊이 참담함을 안고 안타깝게 떠나간 영혼들을 눈물로 애도했다. 이 사고를 겪으며 부모라는 이름으로 살아가는 이들이 할 수 있는 것은 자녀를 황망하게 보낸 부모의 애끓는 고통을 함께 나누는 것밖에 없었다. 살아 있음에 대한 막연한 불안감을 피할 수 없는 시간이었다. 말로 표현할 수 없는 엄청난 절망 앞에서 우리 모두에게 죽음의 의미가 엄습해왔다. 인간의 힘, 부모의 힘으로는 도저히 되돌릴 수 없는 절망적 사태에 우리 모두 직면했다.

자녀가 살아 있는 것이 당연한 일상이 아닐 수 있다는 찰나적 생각만으로도 우리의 삶 깊숙이 침투해 있던 일상성이 깨지며 불안감에 휩싸인다. 우리가 지금 함께 있는 이 순간은 기적과 같을 수 있다. 살아 있어줘서, 단지 함께 할 수 있다는 것만으로도 경이롭고 감사할 따름이다. 아이가 공부를 잘하는지, 자신의 과제를 성실히 해내는지와 상관없이 살아 있음 그 자체가 고맙다. 부모가 실존적으로 아이와 관계를 맺는 순간이다.

두려움에 맞서 실존적 삶을 살아낼 용기

인간은 죽음에 직면할 때 어떻게 살아야 할지 질문한다. 나와 내 아이도 어느 순간 죽음을 맞을 수 있다는 사실에 직면할 때 아이를 존재 자체로 만나게 된다. 삶에 대한 두려움 때문에 아이가 원하는 것이 무엇인지 돌아보는 것을 미뤄두었다면 이제 부모가 두려움에 맞설 용기를 낼 때다. 우리가 함께할 수 있는 시간이 계속될 거라고 확신할 수 없기 때문이다. 달리 말해 우리는 죽는 순간을 알 수 없기 때문이기도 하다.

아이의 안전한 생활이 위협받을지도 모른다는 공포감으로 자신을 잃어버린 채 살아가는 부모에게 이렇게 사는 것이 최선인지 되돌아볼 기회가 손님처럼 찾아온다면 소중히 맞을 필요가 있다.

시간을 내 자녀와 함께 애니메이션 영화 〈센과 치히로의 행방불명〉을 보기를 권한다. 이 작품에는 자신의 이름을 찾기 위해 고난의 여정을 멈추지 않는 한 아이가 등장한다. 시골로 이사 가다가 길을 잘못 든 치히로의 가족이 자동차에서 내린다. 부모님은 주인 없는 식당에 가득 차려진 음식을 허겁지겁 먹고, 낯선 곳에 머무는 것이 불안했던 치히로는 주위를 둘러본다. 우연히 만난 소년으로부터 여기서 빨리 떠나라는 경고를 듣고 부모님께 돌아간 치히로는 충격적인 모습을 본다. 귀신들이 신에게 바치느라 마련해 놓았던 음식을 먹은 탓에 부모님은 이미 돼지로 변해 있었던 것이다! 일상성이 무너지는 순간이다.

치히로는 마녀 유바바를 만나 계약서를 쓰고 온천장에서 일하며 진짜 이름을 잃어버린 채 '센'으로 살아간다. 자기도 모르는 사이, 신의 세계로 들어온 치히로가 부모님을 구해 인간세계로 돌아가는 여정은 혼란스러운 삶에서 자아를 찾으려는 우리의 모습과 닮았다. 수많은 위기가 닥치지만, 부모님을 구하고 이름을 찾기 위해 온갖 위험을 무릅쓰는 치히로. 자기 세계를 찾고 회복하려는 시도를 멈추지 않는 아이를 보며 우리는 지금 '나로서' 살아가고 있는지 묻게 된다. 마침내 그 조그만 아이는 자신의 이름을 기억해낸다. '나'를 찾는 그 절정의 순간이 고스란히 드러나는 장면에서 존재의 고귀함으로 마음이 찡하다. 고통스럽지만 자신을 찾아야만 하는 운명을 받아들인 아이의 실존적 용기가 경이롭다.

아무리 부모라도 내 자녀의 존재적 의미를 대신 찾아줄 수는 없다. 우리는 각자 '뭣이 중헌지'를 선택할 운명을 짊어졌기 때문이다. 다만 부모의 삶의 태도가 자녀의 존재 방식에 어떤 방식으로든 영향을 미친다는 점을 기억해야겠다.

자녀를 키우는 과정은 실존적 수행이다.

21 — 수 클리볼드가 부모에게

어느 날 갑자기
가해자의 부모가 된다면

부모는 내 아이를 잘 안다고 여긴다

천륜으로 맺어진 부모와 자식이기에 우리는 자녀와 인간 대 인간으로 만날 수 있는 가장 가까운 관계인가? 아이가 자랄수록 그저 덤덤해진다. 그러다 보니 아이와 내가 얼마나 절절히 사랑하는지 느낄 기회가 좀처럼 주어지지 않는다. 각자의 역할을 충실히 해내는 데 쫓기다 보면 서로에게 따뜻한 눈길, 말 한마디 건네기가 쉽지 않다.

아이가 나와 함께 있어 줘서 정말 고맙다고 느끼던 순간이 도대체 언제였나? 기억을 더듬어보니 한참 거슬러 올라간다. 아마도 아이가 네 살 때 처음 어린이집 발표회 무대에 섰을 때

였던 것 같다. 사랑의 마음이 강렬했던 순간이었다.

발표회가 진행되는 내내 내 아이가 나오길 얼마나 기다렸던 가. 행여 아이의 영상을 제대로 찍지 못할까 봐 몇 번이나 남편에게 카메라 준비 상태를 체크하라고 말한다. 드디어 우리 아이가 무대로 걸어 나온다. 아무것도 모르는 아이가 사람들 앞에 서 있다. 내 가슴이 뛴다. 똑같은 산타 옷을 입은 친구들 중에서도 내 아이의 모습만 보인다. 사실 나중에 영상을 보고 다른 친구들이 어떻게 했는지 알게 될 정도였다. 1분도 채 안 되는 그 짧은 시간도 버거운지 틀리지 않으려고 애쓰는 모습이 안쓰러우면서도 사랑스럽다. 보는 동안 내 심장은 아이와 같은 속도로 뛴다. '이제 우리 아이는 저렇게 한 걸음씩 세상으로 나와야겠지'라는 생각에 마음이 찡하다. 내가 이 순진한 아이의 엄마인 것이 정말 감사하다.

이런 사랑을 매일 선명하게 느끼면 좋겠지만 아이가 자랄수록 기회가 줄어든다는 것을 이제는 안다. 아이가 자라는 모든 순간이 당연하게 느껴진다. 아이에게 최선을 다하니 아이가 아프지 않은 것도 당연하고 별 탈 없이 지내는 것도 당연했다. 그리고 이 당연함으로 아이의 모든 것에 익숙해지기 시작했다.

아이의 성향과 생활 패턴을 파악하게 되면서 부모인 내가 아이를 꿰뚫어 보고 있다고 생각했다. 아이는 좀처럼 우리의 예상을 벗어나는 일을 벌이지 않았기 때문이다. 그래서 나는 아이를 잘 안다고 여겼다.

무슨 짓을 저질러도 부모는 자녀를 끌어안는다

두 아들의 엄마였던 수 클리볼드Sue Klebold도 콜럼바인 Colombine 고등학교 총기 난사 사건이 일어나기 전까지는 그랬다. 여느 때와 같이 평범했던 1999년 4월 20일, 둘째 아들 딜런이 다니는 콜럼바인 고등학교에서 총을 든 남성들이 무차별적으로 총을 난사하고 있다는 소식을 들었다. 세상이 무너지는 공포 속에 혹시 아들이 총에 맞았을까 봐 제정신이 아니었다. 그러나 그것도 잠시, 총기를 난사 중인 남성 중 한 명이 바로 자신의 사랑스러운 아들이라는 사실을 알게 되었다.

그날 친구 에릭과 딜런은 13명을 죽이고 24명에게 부상을 입히는 대참사를 저지르고 스스로 목숨을 끊었다. 감히 말로는 표현하지 못할 처참한 사태였다. 그 순간부터 그녀는 "가슴이 찢어진다"라는 말이 비유가 아니라 묘사라는 것을 경험한다고 했다. 별 탈 없이 잘 자라던 아들이, 몇 주 후면 대학을 다니기 위해 집을 떠날 아들이 그동안 함께 생활해온 친구들과 선생님의 생명을 무참히 앗아가는 살인을 저질렀다. 그리고 목숨을 끊었다. 부모로서 상상할 수도 없는 일이었다. 유족들은 그날 이

후 '살아 있음' 자체가 끔찍한 고통이 되었다.

사건이 일어나기 전, 함께 보낸 일상에서 아들이 이와 같은 엄청난 사건을 일으킬 거라는 어떤 징후도 발견하지 못했던 그녀는 그날 이후 알 수 없는 것을 이해하기 위해 애쓰는 데 바친 16년이라는 말로 아이와 부모의 삶에 관한 이야기를 시작했다. 아들을 잃었고 가해자의 엄마라는 꼬리표를 달았다. 그동안 구축해온 세계는 한순간 사라지고 남은 것은 정리되지 않는 슬픔과 혼돈 아니, 그보다 더 지독한 비탄뿐이었다. 그런데 그 와중에도 놓을 수 없었던 것은 엄마도 미처 알지 못했던 내 아이와 희생자의 고통이었다.

그녀가 겪은 이 사건이야말로 자녀를 기르는 부모에게 닥친 가장 큰 고통이라고 감히 말할 수 있을 것 같다. 엄청난 고통과 절망 가운데 선 엄마의 깊은 성찰을 통해 가장 또렷이 드러나는 것이 있다. 피해자의 부모뿐만 아니라 가해자의 부모에게도 남겨진 것은 아이에 대한 선명한 사랑이라는 점이다.

아이가 무슨 짓을 저질렀더라도 부모와 자라면서 함께 했던 그 많은 순간의 리추얼이 한꺼번에 모두 사라지지는 않는다. 인생이 산산이 부서진 고통 속에서도 부모는 아이에 대한 사랑을 온전히 지키고 회복하는 삶을 살아간다는 점에서 숙연해진다. "가해자의 부모가 살인을 저지른 자식을 사랑한다고 말할 수 있느냐"라는 세간의 분노도 있다. 여기서는 옳고 그름을 가리려는 것이 아니다. 그녀의 이야기를 통해 우리가 계획한 범주 안에서 부모의 역할이 끝나지 않을 수 있으며 결국 부모는 자녀에게 닥친 모든 것을 함께 넘어서야 한다는 점이다.

아들이 죽기를 바라야 했던 부모의 고통

수 클리볼드와 상담했던 앤드류 솔로몬은 집단 괴롭힘이나 학교, 아들의 건강 상태 등의 원인으로 자녀의 행동을 합리화하지 않는다는 점에 주목한다. 부모는 자녀가 저지른 행동에 깊이 속죄하면서 변함없는 사랑을 유지하는 것이 책임을 부정하는 것보다 훨씬 큰 용기가 필요하다는 것을 우리는 짐작한다. 내 아이 때문에 자식을 잃은 고통을 평생 안고 살아가야 하는 희생자의 부모에게 속죄하는 마음과 그럼에도 불구하고 내 아이를 여전히 사랑하는 마음이 함께 있다는 사실을 감당해야 한다. 아이가 엄청난 범죄를 저지르고 목숨을 끊었다고 해서 부모 자식 간의 사랑이 끊어질 수 있을까?

《나는 가해자의 엄마입니다》에 밝힌 대로 그녀는 사건이 일어나고 있다는 것을 알게 된 순간 '아들의 무탈이 아니라 죽음'을 바랐다. 엄마로서 가장 힘든 기도를 했다. 아들이 다른 사람들을 다치게 하거나 죽이고 있다면 멈춰야 했기 때문이다. 그러니 아들이 죽기를 바랄 수밖에 없었다. 아들이 죽게 해달라고 기도할 수밖에 없었다.

그것 밖에 아무것도 할 수 없는 엄마의 심정을 어떻게 표현할 수 있을까? 아들을 살인자로 기르려는 부모는 없다. 오히려 그녀는 아이들이 태어난 후 밤마다 아이들을 지키고 이끌어달라고 신께 기도했다고 한다. 그런 기도가 한순간에 정반대의 처참한 상황으로 닥친 것이다.

부모와 자녀가 내면까지 같지는 않다

보통 심각한 범죄를 저지른 청소년 기사를 접하면 자연스럽게 '부모가 어떻게 가르쳤기에 저런 짓을 했을까?'라는 생각을 한다. 실제로 청소년 잔혹 범죄 기사 밑에 달린 댓글을 보면 부모에게도 자녀를 잘못 키운 책임을 물어야 한다는 의견이 있다. 또한, 부모교육 수업에서 토론하다 보면 부모가 잘못 가르쳤기 때문에 자녀가 잘못한다는 의견이 적지 않다. 물론 부모의 책임일 수도 있다. 그런데 우리가 부모로서 할 수 있는 것이 무엇인지 되짚어볼 필요가 있다. 과연 부모가 '절대로 잘못하지 않는 아이'나 '불행하지 않은 아이'로 어떻게 기르고 이것이 부모의 의지와 노력으로 가능한지에 관해서다.

수 클리볼드는 사건이 일어난 후 지난 16년 동안 들을 수 있는 온갖 비난을 들어왔다. 딜런에게 너무 관대했다, 너무 엄격했다는 말도 들었다. 집안이 총기 사용을 너무 통제해 이런 일이 일어났다는 지적도 들었다. 딜런이 총에 익숙했다면 오히려 신비감을 느끼지 않았을 거라는 것이다. 부모가 딜런을 학대했는지, 다른 사람이 학대하도록 내버려뒀는지, 안아주었는지, 사랑한다는 말을 한 적이 있는지 묻는 사람들도 있었다.

사건에 관한 이와 같은 분석은 아이의 극단적인 행동에는 그만한 이유가 있고 그 원인을 부모의 양육 태도에서 찾는 데 초점을 맞춘다. 총기에 너무 엄격해 이런 일이 벌어졌다고 주장한다면 훌륭한 부모는 어떤 범주 안에서 아이가 총기에 노출되게 하면 된다는 말인가. 부모가 아이를 건강하게 양육하는 태도를 정확히 알고 차질 없이 실행하는 것이 과연 가능할까? 인간은 로봇처럼 부모의 의도대로 찍어낼 수 있는 존재가 아니다. 부모의 양육 태도가 아이에게 큰 영향을 미칠 수 있지만 아이의 행동을 결정하지는 않는다.

보통 여러 해 동안 아이를 가르쳐본 교사들이 가장 흔히 하는 말 중 하나는 아이를 보면 그 부모를 알 수 있다는 것이다. 아이와 부모의 가치관과 생활양식이 닮았기 때문에 공통점을 찾을 수 있다는 뜻이다. 그 말 속에는 그들의 내면이 서로 동일하다는 의미가 들어 있지는 않다. 아이의 특정 행동이 부모의 양육 태도에 의해 만들어진다고 말하기에는 다소 무리가 있다.

부모도 내 자식을 모를 수 있다

사건이 알려진 후, 검은색 굵은 마커로 적힌 편지 한 통을 받았다. "어떻게 모를 수가 있어요?" 그녀도 자신에게 밤낮으로 던진 질문이었다. 자신을 완벽한 부모라고 생각해본 적은 없지만 두 아들과의 관계가 친밀하니 뭔가 잘못됐다면 당연히 직감할 수 있으리라 생각했다. 아들의 생각과 감정을 모두 안다고 할 수는 없지만 아들이 무슨 일을 할 수 있는지 정확히 안다고 자신 있게 말할 수 있다고 장담했는데 그것이 틀린 생각이었다고 했다.

수 클리볼드의 경험을 통해 알 수 있는 것은 내 자식을 내가 모를 수도 있다는 점이다. 대부분 부모는 예상하지 못한 사건을 겪고 나서야 자녀에 대해 잘 몰랐다는 것을 깨닫는다. 매일 함께 지내는 아이를 부모는 왜 제대로 보지 못할까?

부모와 자녀, 서로 다른 면을 볼 수 있다

투명 고릴라 실험이 있다. 서로 다른 색의 옷을 입은 여섯 명이 공을 패스하는 영상을 실험 참가자들에게 보여주기 전에 흰색 옷을 입은 세 명이 패스를 서로 몇 번 주고받는지 세어보게 한 후 영상을 시청하게 한다. 실험 참가자들은 거의 정확히 패스 횟수를 맞추시만 절반 이상이 공을 패스하는 도중 고릴라가 등장하고 뒤에 커튼 색이 바뀌고 검은 옷을 입은 한 명이 중간에 빠져나간 것을 눈치채지 못한다. 이 실험에 대해 대니얼 카네먼 교수는 우리는 명백한 것조차 보지 못할 수 있으며 자신이 못 본다는 것을 모를 수 있다고 지적했다. 이는 사람들이 특정 장면을 볼 때 자신이 보려는 것만 선택적으로 지각하는 경향이 있다는 것을 보여준다.

부모가 아이와 상호작용하면서 목적 없이 아이를 바라보는 순간은 얼마나 될까? 아이가 해내야 할 과제로 넘쳐나는 일상에서 부모가 아이를 보면서 점검하려는 것은 주로 무엇인가? 아이가 보여주는 모습 이면에 드러나지 않는 감정을 함께 나눌 관심과 시간이 부모에게 과연 있는가?

같은 장면인데 부모와 자녀는 서로 다른 면을 볼 수 있다. 부모는 아이에게 선택적 주의를 기울여 혹시 놓치는 점은 없는지, 아이가 처한 사태를 왜곡하고 있지는 않은지 되돌아보자.

부모의 사랑만으로 충분하지 않을 수 있다

수 클리볼드도 아이가 힘들어한다는 신호를 놓친 것을 뼈아프게 후회한다. 겉으로 보기에는 아이에게 아무 문제도 없었지만 아들을 보내고 나서야 오래전부터 우울증이 있었다는 사실을 알았다. 아들은 안고 있던 고통과 분노로 자신을 파괴하기 전까지 부모에게 그것을 말하지 않았다. 관계에 별다른 문제가 없었는데도 말이다. 아이에게 부모는 친밀하고 다정한 존재이지만 자신의 내면을 부담 없이 공유하고 신뢰할 수 있는 존재가 되기 위해서는 사랑만으로는 충분하지 않다는 것을 깨달았다고 했다. 그녀는 아이가 쓸쓸해 보인다면 부모의 생각과 말로 달래려고 하기보다 말없이 함께 있어 주라고 권한다.

부모는 아이에게 관심을 기울이지만 아이의 모든 것을 공유하고 지원할 수는 없다. 우리가 부모여서, 친밀해서 아이의 내면을 잘 안다고 생각하는 것은 착각일 수 있다. 익숙함으로 채워지면 서로를 제대로 보지 않는다.

아이가 여러 사람 앞에 처음 서던 어린 시절의 그 장면을 떠올려보자. 떨리는 마음으로 온몸의 신경을 집중해 아이를 바라보던 그 순간 말이다. 누구보다 더 잘해야 한다거나 틀리지 않아야 한다는 생각 없이 오직 아이로부터 내 마음의 눈을 뗄 수 없는 순간이었다. 아이가 보내오는 신호에 민감하게 반응할 수 있는 순간이기도 했다.

수 클리볼드의 이야기를 통해 아이의 행동을 용납할지 말지를 결정하는 역할을 넘어 부모가 존재할 수 있는 지대를 본다.

고통스럽지만 아들이 남기고 간 흔적을 따라가는 용기를 통해
변함없는 사랑을 회복하는 부모의 모습을.

수 클리볼드가 부모에게 들려주는 새로운 시선

자녀의 모든 것을 알려고 하기보다
그 곁에 머무는 부모가 되자.

돈으로 살 수 없는
미덕을 선물하자

모든 것에 가격이 매겨진 세상

얼마 전 단풍이 참 좋던 날 딸과 함께 반려견을 데리고 동네를 산책했다. 우리 아파트 단지에서 출발해 조경이 잘돼 있는 인근 아파트 단지를 걸으면 제대로 동네 한 바퀴를 돈 기분이다. 몇 년째 산책하는 코스가 정해져 있어 우리 강아지의 발걸음도 항상 향하던 곳으로 자연스럽게 향한다. 물론 강아지가 외출할 때 지켜야 할 에티켓은 철저히 지키며 산책한다. 그날도 여느 때처럼 항상 걸었던 길을 지나 다른 아파트로 들어가려는데 쪽문 출입구에 '외부인 출입금지'라는 팻말과 현수막이 걸려 있었다. 차량통제용 출입구 차단기는 오래전부터 운영됐지만 사람이 출입하는 길목에 통행금지 표시가 있어 순간 기분이 언짢았다. 꼭 가야 할 길도 아니기에 '참 야박하네'라는 생각으로 발길을 돌렸지만 왠지 잠재적 범죄자 취급받는 기분이 개운치 않았다.

우리 동네는 대부분 아파트 단지로 조성돼 있다. 거주하는 아파트 단지만 걸을 수 있고 다른 공간은 출입할 수 없는 곳이 된다면 우리 마을, 내가 사는 동네에서 함께 공유할 수 있는 삶이 사라진다는 의미이기도 하다. 외부인 통행을 금지하는 발상은 아파트 단지 내 공간 자체가 입주민만의 것이라는 데 있다. 물론 외부인이 출입해도 주인인 입주민에게 아무 불편이 없다면 이런 결정까지 하진 않을 거라는 점도 잘 안다. 주거공간은 청결하고 안전하고 쾌적해야 하는데 외부인의 출입이 이런 환경을 해친다는 판단에서 입주민은 정당성을 주장할 수 있다. 또한, 아파트 관리가 효율적으로 이뤄져야 집의 가치도 상승하므로 이를 위협하는 잠재 요인을 없애는 것이 재산권 유지 측면에서 당연한 조치라고 볼 수 있다. 물론 이때 집의 가치란 경제적 가치다. 사람이 사람답게 잘 살아가는 공간으로서의 가치보다 우선하는 가치의 중심에 집값이 있다.

우리는 집을 생각하면 가격부터 떠올린다. 사람이 살아가는 데 주거는 필수적인 의식주 중 하나이지만 현재는 주거 자체의 의미보다 집을 경제적 재화로 보는 현상이 팽배하다. 요즘은 어디에 몇 평에 사느냐로 능력을 평가한다. 이는 이상한 일이 아니다. 좋은 집에 살려면 돈이 필요하고 돈을 벌려면 능력이 있어야 한다는 논리의 반영이다.

좋은 집이란 어떤 집일까? 집은 경제적 가치만 갖는가? 입을 모아 그렇지 않다고 말하겠지만 집을 투자 수단으로 생각하지 않는 사람이 있다면 세상 물정을 모르거나 해탈한 사람으로 생각될 정도다. 물론 집뿐만 아니라 오늘날 현실에 존재하는 모든 것에는 가격이 매겨져 있고 책정할 수 있는 가격에 따라 가치도 달라진다. 여기서 초등학생 수준의 질문을 하게 된다. 이 세상에 존재하는 모든 것의 가치는 돈으로 환산할 수 있는가?

돈으로 살 수 없는 것들의 가치

무엇이 가치를 결정하는가에 대해 구체적인 생각거리를 던지는 마이클 샌델 교수는 《돈으로 살 수 없는 것들》에서 우리 삶의 거의 모든 면에 파고든 시장원리와 여기서 발생하는 문제점을 공동선의 관점에서 논의한다. 그는 '돈으로 사면 안 되는 것이 있을까?'라는 질문을 던지고 이 질문을 3가지로 나눠 분석했다.

첫 번째는 돈으로 살 수 있는 것과 살 수 없는 것을 찾아본다. 친구와의 우정, 노벨상, 야구경기 MVP, 아카데미 상은 돈으로 살 수 없다. 친구처럼 연기해달라고 사람을 고용할 수 있더라도 친구 행세를 하는 가짜 친구일 뿐이며 노벨상 트로피는 살 수 있더라도 노벨상이 갖는 상징적 의미는 살 수 없고 오스카 조각상을 살 수 있더라도 실제로 아카데미 상의 영예를 돈으로 살 수는 없다.

두 번째는 돈으로 살 수는 있지만 사면 안 된다는 논란이 생기는 경우다. 장기이식이 필요하다는 점에서 장기거래 옹호자도 있지만 신장이 거래 대상이 될 수 있는지 판단하기 위한 도덕적 탐구가 필요하다. 신장 거래 시장은 도덕적 논란이 있지만 구매자가 사려는 재화(신장의 기능)를 변질시키지는 않는다.

세 번째는 돈으로 살 수 없는 친구와의 우정과 돈으로 살 수는 있지만 그래서는 안 된다는 신장 거래와 같이 명확히 구분되지 않는 사례에 대한 논의다. 누군가에게 사과해야 하지만 직접 하는 것이 내키지 않아 사과 전문업체를 통해 사과할 경우, 돈으로 사는 것은 가능하지만 재화(사과의 의미)의 가치가 손상된다.

돈으로 살 수 없는 것에 대한 세 가지 관점은 모든 결정이 시장원리로 작동될 때 일어날 수 있는 파장을 공정성과 부패 차원에서 분석해 시장의 도덕적 한계를 보도록 도와준다. 신장 거래 시장에서 가족의 수술비를 마련하기 위해 신장 거래에 동의

했다면 자발적이라기보다 긴박한 상황에 몰려 거래할 수밖에 없는 불평등이 생길 수 있다. 그리고 공정한 거래 조건이라도 인간을 단지 장기를 가진 존재로 바라보는 기계적 인간관을 낳을 수 있다는 점에서 재화가 가진 규범에 대한 문제를 낳을 수 있다. 그가 지적하는 것은 시장가치에 의한 결정이 때때로 우리가 인간으로서 관심을 둬야 하는 비시장 규범을 도외시하도록 한다는 점이다.

우리는 돈으로 살 수 없는 것이 있다고 결론짓는 데 이미 익숙하다. 그래서 이런 주제 자체를 구태의연하게 드러내길 꺼린다. 돈으로 모든 것이 돌아가는 현실에서 소모적 논쟁이 될 뿐이라는 것이다. 인간의 이상과 다른 방향으로 돌아가는 현실에서 이런 문제에 관심을 두는 것조차 두려운지도 모른다. 또한, 유능한 사람은 이런 문제를 제기할 필요가 없지만 무능한 사람들이 이런 현상을 문제 삼고 돈의 논리로 돌아가는 세상을 비난하고 반대한다고 몰아붙이기도 한다. 그들도 능력이 있다면 시장 논리로 돌아가는 세상에 대한 이의 제기를 멈추고 안정적으로 사는 것을 선택할 것이다.

마이클 샌델 교수는 교환을 통한 거래가 재화의 가치를 떨어뜨리지 않는다는 가정하에 거래에 참여한 모두가 자기에게 필요한 이득을 챙긴다는 점에서 삶의 모든 영역으로 시장교환

원리가 확대됐다고 본다. 여기서 우리가 생각해봐야 할 점은 시장교환이 이뤄질 때 새화의 가치가 훼손되지 않느냐다. 학생이 학교에서 기준 이상의 성적을 받을 때 일정 금액을 지급해 공부하는 동기를 강화하거나, 시에서 시민을 위해 무료 나눔하는 콘서트 티켓을 구하려고 돈을 주고 고용한 사람이 대신 줄을 서게 하거나, 차량 정체가 심한 시간에 돈을 내면 전용차선을 이용할 수 있는 렉서스 차로 도입이나, 비싼 항공권을 산 사람들은 줄설 필요가 없는 패스트 트랙 운영에 대해 당연히 받아들이겠느냐는 질문을 던진다. 돈이 있다면 무엇이든 살 수 있다는 시장 원리의 이면에 이런 현상이 훼손하는 가치가 무엇이며 인간이 함께 살아가는 데 지켜져야 할 가치를 토론해야 한다는 점을 강조한다.

공동선 관점

아파트 이야기로 다시 돌아가보자. 2018년 5월 3일자 단비뉴스에 '사람의 마음까지 막는 아파트 단지 차단기'라는 제목의 기사가 실렸다. 4,000여 가구의 대단지 아파트에 주차 차단기를 설치해 외부 차량은 통행료 2,000원을 내도록 했다는 내용이다. 출·퇴근 교통혼잡과 위험을 줄이고 '주민의 안전과 재산 보호를 위한 마땅한 권리 행사'이며 이를 사유지에 대한 이기적 행동으로 보지 않았으면 좋겠다는 인터뷰가 소개되었다. 한 입주민은 차단기 설치 연구자료를 자유게시판에 올리며 "단지 내 외부 차량의 진·출입으로 인한 매연, 소음, 진동 등의 환경저해 및 교통사고 원인을 해소하고 외부 차량의 무단주차를 근원적으로 차단해 주민 삶의 품격을 향상시키는 데 (주차 차단기 설치) 목적이 있다"라는 내용도 함께 실었다. 아파트 입주민의 손익 관점에서 보면 합리적인 주장이다. 다만, 주민의 품격있는 삶에 대한 의미 부여의 문제가 남는다. 그리고 아파트에 이런 일이 계속 벌어진다면 타 지역에서도 자기 편의만 생각하는 이기주의로 상호통행을 제한하는 문제가 발생할 것이라는 의견도 있었다.

그로부터 3년 후인 2021년 11월 4일 청와대 국민청원 게시판에는 '아이들이 아파트 놀이터에서 놀다가 아파트 회장에게 잡혀갔어요'라는 제목의 청원 글이 올라왔다. 아파트 놀이터에서 입주민이 아니라는 이유로 입주민 대표가 초등학생 아이들을 관리실에 데려가 도둑 반성문을 쓰게 하고 경찰에 신고했다는 것이다.

아이가 쓴 반성문에는 아이들의 주거지를 확인한 후 '남의 아파트 놀이터에 들어오면 도둑인 것 몰라?'라고 입주민 대표가 한 말이 적혀 있었다. 아이들의 말에 따르면 입주민 대표가 화를 내며 아이들을 관리실로 데려갔고 "너희는 아주 큰 도둑이 될 거야"라며 경찰서에 전화했다는 것이나. 실제로 이 아파트 입주민 대표 임시회의에서 입주민 외의 아이들이 놀이터에 오면 경찰에 신고한다는 조항이 통과됐다가 입주민의 강한 반발로 삭제됐다고 한다. 이 사연은 여러 매체에서 다룰 만큼 주목을 받았고 대부분 우려의 목소리가 높았다. 11월 12일자 기사에 소개된 내용에 "본인 소유가 아닌 곳에는 단 한 순간도 존재하지 않으시길" 등 부정적인 반응이 잇따랐다고 보도되었다.

후속 기사로 연합뉴스 11월 11일자 팩트 체크에서는 주거침입 여부에 대한 법률적 검토를 진행했다. 그 결과, 주거침입으로 보기 어렵다는 전문가의 의견이 지배적이었다. 조금 더 생각해보면, 이 사건은 법률적 문제로서 관심을 두기 이전에 공동선Common Good 관점에서 고민해야 할 문제다. 그런데 법적으로 책임지는 것을 피하기 위한 관심이 우선이다. 마을공동체의 공공적 책임과 기여를 생각하고 실천하는 것을 부차적인 문제로 인식하고 있는지도 모른다.

나도 자기 이익을 지키기 위해 함께 살아가는 가치를 훼손하는 현상에 대한 문제의식만 있지 우리가 어떻게 이런 태도를 갖게 됐는지, 공동선을 위해 어떤 태도의 삶을 지향해야 하는지는 남의 문제로 제쳐두고 있다가 통행금지를 당하는 사소한 일을 겪고서야 우리의 문제로 인식했다.

갈등 해결을 위해서는 관련 법률 정비도 필요하지만 이런 현상이 발생하는 이면의 요인도 고민해야 한다. 아파트는 공동주택이고 입주민이 협력하고 배려해 살기 좋은 공간이 되도록 운영한다. 그런데 함께 살아가는 단위가 아파트 단지로 한정되는 점은 생각해볼 필요가 있다. 과연 아파트 벽 너머의 사람들은 함께 살아가는 이웃이면 안 되는가다. 외부인에게 아파트 단지는 자기 재산이 아니어서 시설을 함부로 사용하고 훼손한다는 가정이 맞는지 따져봐야 한다.

내가 거주하는 아파트는 내 재산이니 쓰레기도 절대로 안 버리고 시설물도 조심스럽게 사용하지만 남의 아파트에서는 내 이익과 상관없는 곳이니 휴지도 버리고 환경을 훼손하는 행위를 하는가다. 그렇게 단정할 근거가 없다는 것을 우리는 경험적으로 잘 안다.

입주민의 안전과 쾌적한 환경을 만드는 방안으로 결정한 외부인 통행금지 문제의 이면에 아무 대가도 없이 나의 재산을 이용하는 이웃을 막아 재산권을 침해당하지 않아야 한다는 심리가 있지 않을까? 경계를 지어 안에 있는 사람과 밖에 있는 사람의 차이를 분명히 하고 힘을 과시해 다른 집단을 배제하는 집단 이기주의를 심화하고 있지 않은지 질문해야 한다. 자기 것을 지키려고 이기적인 행태조차 당당히 주장하는 이면에는 우리가 재화(집)이 가치에 대한 고려 없이 시장교환의 이익에만 붙잡혀 있기 때문일 수도 있다. 그렇게 될 때 우리가 만날 세상은 어떤 곳일까?

요즘 초등학생 사이에서는 어느 아파트에 사는지, 임대주택인지, 자가인지, 몇 평인지로 친구가 될지 말지를 정하기도 한다. 이런 현상을 접할 때 우리는 세상이 어찌 되려고 아이들조차 가진 것으로 사람을 구별하고 서열화하는지 한탄한다. 그런데 아이들이 이런 기준으로 친구를 만나는 데 문제의식이 있는 부모가 얼마나 될까? 아이를 둔 젊은 부모가 좋은 집을 장만하면 엄청난 능력으로 인정된다. 능력주의 사회에 익숙한 부모가 자기 능력대로 삶을 누리는 것을 공정으로 생각할 수 있다.

수치화된 세상에서 아이는 무엇을 배울까

마이클 샌델은 능력주의 사회가 낳은 폐단으로 능력 있는 사람들은 자기 힘으로 해냈다는 자만에 빠져 타인의 신세를 지고 있다는 점을 망각할 우려가 있다고 지적한다. 사람의 가치를 능력만으로 평가하는 사회에서 뒤처진 사람은 굴욕을 느끼고 무능에 따른 실패에 책임져야 한다는 사고를 낳는다. 이와 같은 관점에서 보면 내 능력으로 소유한 재산을 지키기 위해 타인의 불편을 신경 쓸 이유를 찾지 못할 수 있다. 집을 소유한 능력에 따라 사람의 가치를 평가하는 부모와 이웃의 태도를 보고 자란 아이가 친구를 정하는 기준은 학습으로 형성된 것일 수 있다. 부모가 어린 자녀를 붙들고 어디 사느냐의 기준으로 친구를 사귀라고 가르치지는 않겠지만 부모가 가치부여를 하는 것을 지켜본 아이들은 그 가치관이 반영된 행동을 은연중 학습한다.

타인을 통해 자신의 이익을 지키는 세상에 무방비로 노출된 아이에게 어떤 일이 벌어질까? 아이는 어린 시절 부모와 이웃으로부터 받는 애정, 보호, 존중을 통해 몸과 마음이 성장한다. 그런데 우리 아이들이 경험하는 세상에서 거의 모든 것이 가격으로 결정되고 교환된다면 친구도 필요에 따라 그때그때 대체할 수 있는 존재로 여기게 될지도 모른다.

사랑받지 못하고 존중받지 않는다면 슬프고 고통스럽다. 부모나 이웃으로부터 필요에 따라 대체될 수 있는 인간관계를 경험한 아이들은 자신의 이익을 위해 타인을 이용하는 방법을 배운다. 타인을 이용해 자기의 이익을 지키는 사람으로 성장하면 자기가 가치 있는 존재임을 인정받는 데만 에너지를 쏟는다. 반면, 부모와 이웃의 삶의 태도가 개인의 이익을 넘어 다 함께 살아가는 공동선을 추구할 때 아이는 존엄한 존재로 성장한다. 인간으로 존중받은 한 아이는 자신이 소중한 존재임을 인식한다.

모든 것이 거래 대상으로 인식되는 현상에 대해 서로 이야기 나눠야 한다. 시장교환이 적용되는 영역과 적용되면 안 되는 영역에 대한 사회적 합의가 필요하다. 아파트는 시장교환이 적용되는 영역이다. 집을 거래 대상으로만 생각하면 삶의 가치를 상실할 수 있다. 주택이라는 재화를 거래하면서도 공공선에 기여할 수 있는 부분에 대한 적극적인 관심이 필요하다.

아이가 어릴 때의 에피소드가 떠오른다. 아이들이 초등학교 다닐 때 우리 동네의 아파트 단지 끝자락 외떨어진 곳에 한 초등학교가 있었다. 딸의 단짝 친구가 다니는 이 학교는 편도 1차선 S자로 굽은 도로를 따라 올라가면 막다른 길에 있었는데 초등학교 안의 좁은 주차장을 제외하면 잠시라도 차를 세워둘 공간이 없어 웬만하면 인근 아파트에 주차하고 걸어가야만 했다. 학교 진입로는 아파트 단지 외벽을 따라 난 막다른 길이어서 중학교와 초등학교 외에는 다른 시설이 전혀 없었다. 그래서인지 이 학교에 다니는 아이들은 너나 할 것 없이 길목의 아파트 쪽 문을 거쳐 학교로 오고 집으로 돌아갔다. 아파트에 거주하는 아이들뿐만 아니라 인근 아파트에 사는 아이들도 이 쪽문을 통해 학교를 오가며 단지 내 슈퍼마켓에서 군것질도 하고 상가 문구점도 들렀다.

아이들이 학교를 마치고 집으로 돌아가는 길은 두 갈래가 있다. 친구들이 사는 아파트 단지 안을 통과하는 것과 아파트 밖으로 돌아가는 것이다. 아파트 밖에 도로가 있지만 멀리 돌아 가야 해 대부분 아파트 단지를 선택한다. 하지만 아이들이 아파 트 단지를 경유하는 것은 이런 효율적 측면 때문만은 아니었다. 친구들과 헤어지기 아쉬운 마음에 조금이라도 더 있고 싶고 아 주 드물게는 어쩌다 친구 부모님을 만나면 함께 놀아도 된다는 허락을 받는 행운도 일어날 수 있기 때문이다.

초등학생들이 학교를 마치고 친구들과 함께 걸어가는 모습 을 한 번이라도 눈여겨본 적이 있다면 아이들의 목소리가 얼마 나 높은지, 서로 말하려고 하는지, 신나 있는지 안다. 어쩌면 학 교에서보다 학교를 벗어난 그 길에서 아이들은 자유로운 자기 들만의 세계 만들기에 적극적일 수 있는지도 모른다. 그리고 이 길에서 아이들은 초등학생 시절의 추억을 하나하나 만들어갔 을 것이다.

안타깝게도 이런 아이들의 재잘거림과 역동이 누군가에게 는 소음으로 또 누군가에게는 잠재적 위협으로 또 누군가에게 는 주거 공간의 품격을 해치는 것으로 인식돼 아파트 입주민을 제외하고 아파트 단지 통행을 금지하는 사태가 20여 년 전에도 벌어졌다. 요즘 사태와 다르지 않다. 세월이 지나는 동안 마을 공동체의 의미를 찾고 복원하는 다양한 정책과 노력이 있었지만 집도 이웃과의 관계에도 미덕의 차원보다 이익에 따른 시장 원리가 적용되고 우리는 서로 나누며 살아갈 지대를 점점 잃어가고 있다.

"그 애 집은 몇 평이냐?"로 아이 친구들이 계층을 서열화하는 부모, 아파트 담장으로 둘러싸인 동네에서 각자의 출입구를 봉쇄하고 배척하는 이웃들, 입주민이 아닌 아이들이 놀이터에서 노는 것조차 내 재산을 함부로 사용한다고 인식하는 이웃, 능력 있는 사람은 누리고 능력 없는 사람은 누리지 못하는 것을 공정으로 인식해 공동체 구성원으로서 함께 살아가는 데 필요한 도덕적 책무에 관심을 두지 않는 부모와 이웃. 과연 이들과 함께 자란 아이들은 세상을 어떻게 이해하게 될까?

돈으로 살 수 없는 미덕이 그립다

얼마 전 큰 눈이 내린다는 일기예보가 있었다. 피치 못할 사정으로 외출했다가 시간이 늦어져 그만 함박눈이 펑펑 내리는 길을 운전하게 되었다. 차가 다니는 큰길에도 눈이 쌓이기 시작했다. 운전대를 붙잡은 내 심장은 심하게 바운스하고 바퀴는 헛돌기까지 했다. 거의 정신줄을 놓고 집 근처까지는 왔는데 거기서부터 우리 아파트 입구까지는 심한 오르막이다. 중간쯤에서 가속 페달을 아무리 밟아도 소리만 요란할 뿐 차는 전혀 움직이지 않았다. 보행 신호에 멈춰 섰다가 다시 출발하려니 차는 오히려 뒤로 미끄러졌다. 내 앞에 있던 택배차도 움직이지 않자 핸들을 꺾어 바로 옆 아파트 차단기 앞에 임시로 세웠다. 좀 더 움직여야 그나마 편도 1차선 도로를 막지 않고 미끄러지지 않는 곳으로 피할 수 있는 상황이었다.

계속 가속 페달을 밟는 것 외에는 할 수 있는 것이 없었다. 걸어가는 사람들의 도움으로 천신만고 끝에 다른 아파트 차단기 앞에 차를 세울 수 있었다. 외부인 통행을 금지했던 바로 그 아파트 단지였다. 나보다 먼저 그곳에 차를 세웠던 택배 차량 기사님은 아파트 차단기를 막고 있을 수는 없으니 계속 인터폰을 눌러 경비실과의 연결을 시도했지만 허사였다. 입주민 전용 차단기여서 경비실과 연결되지 않았던 것이다.

그때 누군가 차단기 쪽으로 걸어오는 것이 보였다. 급한 마음에 나는 처음 본 사람에게 밑도 끝도 없이 입주민이냐고 물었고 차단기를 좀 열어줄 수 없냐고 물었다. 그 입주민은 당연하다는 듯 자기가 가진 카드키로 차단기를 열어 택배차와 내 차가 들어갈 수 있도록 흔쾌히 도와주었다. 정말 감사했다. 제설차가 올 때까지 이웃의 도움으로 안전하게 머물 수 있었다. 아무 대가도 바라지 않고 타인을 배려한 이름 모를 이웃의 선의 덕분에 돈으로도 살 수 없는 미덕을 경험한 따뜻한 날이었다.

자녀에게 우리 동네의 미덕을 선물하길

 요새 서울시에서는 초등학교 '방과후 돌봄사업'의 일환으로 '우리 동네 키움센터'를 운영 중이다. 말 그대로 한 아이가 잘 자라려면 부모뿐만 아니라 마을공동체의 지속적인 관심과 애정, 교육적 지원이 필요하다는 취지를 반영하고 있다. 그런데 마을공동체의 구성원인 부모가 내 아이와 다른 아이를 가르는 경계를 만들고 벽을 쌓아 내 아이와 함께 하기에 자격미달인 누군가를 배제하려고 한다면 그 시도는 어떤 결과를 낳을까?

 부모의 오만함으로 내 아이의 친구를 선별할 수 있을지는 모르지만 우리 아이는 그 아이와 같은 하늘 아래 그것도 아주 가까운 곳에서 함께 숨 쉬고 살아갈 것이다. 숫자로 가치를 매기는 데 익숙했던 부모였다면 지금이라도 살아가는 미덕을 발견하고 실현하기 위해 노력하기 바란다. 그래야 자녀에게 우리 동네를 따뜻한 마음의 고향으로 남겨줄 수 있을 것이다.

미덕을 실천하는 부모와 이웃을 보며
아이는 함께 살아가는 법을 배운다.

부모와 자녀는
삶의 도반

부모가 가장 사랑하는 타인

부모에게 전적으로 의존하던 아이가 점점 자라 정체성을 획득하고 부모, 형제자매와도 구별되는 개인으로 성장한다. 누구와 구별된다는 것은 그 아이만 가진 고유성과 독특성으로 타인으로 대체될 수 없는 유일한 존재라는 뜻이다. 부모가 낳고 길렀지만 인간은 각자 고유한 존재라는 점에서 부모도 아이에게 타인이다. 하지만 부모와 아이의 관계를 단순히 타인으로 보기 힘든 부분이 있다. 서로 '너 없는 나'를 상상조차 할 수 없는 특별한 인연이기 때문이다.

부모가 '특별한 인연'에 대해 자의적으로 해석해 '부모가 만들어낸 존재로 내 아이를 인식하는 것'은 아닌지 되돌아볼 필요가 있다. 내 몸에서 나와 내 손을 빌려 자라는 아이를 타인으로 인식하기는 어렵기 때문이다. 부모가 특별한 노력을 기울이지 않으면 '우리'라는 익숙함으로 부모와 아이 사이의 거리가 아예 사라지기 때문이다.

특별한 인연인 우리 아이 둘은 어릴 때부터 성향이 전혀 달랐다. 식사하러 나갈 때면 먹고 싶은 음식이 달랐고 여행을 가면 구경하거나 활동하고 싶은 것이 달랐다. 영화관에서도 서로 다른 영화, TV를 시청할 때도 서로 다른 채널을 선택했다. 취향과 성향이 다른 데다 자신의 주장까지 강했다. 일상에서 아이들의 이견을 좁히는 역할을 해야 하는 부모는 매번 진이 빠진다. 게다가 엄마인 나도 먹고 싶고, 보고 싶고, 하고 싶은 것이 있는데 매번 아이들에게 맞추다 보니 몸과 마음이 지쳤다.

이런 생활이 계속되면서 내 삶의 만족도가 떨어지고 은근히 스트레스도 쌓였다. 그런데 부모에게 생기는 이런 마음이 자연스러운 것인지 질문하게 된다. 눈에 넣어도 아프지 않을 아이들이 먹고 싶고, 하고 싶은 것을 하게 해주는 삶이 어째서 만족스럽지 못한 것일까? 내가 이기적인 것인가?

어쨌든 우리 아이들은 어릴 때부터 가족 개인의 욕구와 요구가 얼마나 다른지를 내게 알려준 장본인이다. 이들 덕분에 나는 부모와 자녀의 관계도 고유성을 가진 타인과 타인의 관계라는 것을 일찌감치 눈치챘다.

다른 사람도 아니고 내 몸에서 나온 내 아이가 타인이라니! 어색하게 느껴진다. 하지만 생물학적 혈연관계라고 해서 동일인이라고 할 수는 없다. 물리적으로 다른 에너지체이고 서로 구별되는 각각의 인격체다. 부모와 자녀 사이지만 각자의 현존에 부과된 삶의 과제가 다르다. 그래서 부모와 자녀는 심리적으로 친밀하지만 서로 동일한 존재는 아니다. 깊은 인연으로 맺어진 타인이다.

다름을 인정할 때 이해할 수 있다

사물의 존재에 대해 부처님은 "저것이 있어 이것이 있다. 저것이 없어 이것이 없다"라고 했다. 모든 것은 모든 것에 기대어 있다는 뜻이다. 독립된 존재가 서로 기대어 있다는 의미다. 부모와 자녀의 관계도 서로에게 타인이지만 깊은 인연으로 만났다. 서로를 통해 다른 세상과 연결되고 변화하고 성장한다. 부모가 아이를 만들어낸 것이 아니라 부모도 아이도 개별적인 사람으로 서로 기대어 있는 존재다.

부모와 자녀의 특별한 인연을 부모가 잘못 이해할 때 사랑이 집착으로 변질될 수 있다. 서로의 성장을 지원한다는 점에서 부모와 자녀는 고귀한 인연이다. 부모가 되면 온통 아이의 성장에만 관심이 집중된다. 자신의 성장에 관심을 갖기 어렵다.

아이를 제대로 키워야 한다는 중압감으로 하루하루가 벅찬 육아를 하다 보면 부모가 처한 상황의 의미를 파악하려는 시도는 거의 불가능하다. 호기심으로 가득 찬 아이를 안전하게 보호하고 가르치는 것이 우선되다 보니 영·유아기 부모는 "~하지 마", "안 돼"라는 말로 하루를 보낸다. 제한하는 데 익숙해진 부모는 독립 요구가 점점 커지는 아이의 삶에 여전히 개입하게 되고 이를 부모의 고유권한으로 인식한다. 자녀보다 부모가 세상을 더 잘 안다고 생각하기 때문이다.

그렇다면 입장을 바꿔 살펴보자. 세상을 더 잘 안다고 자처하는 누군가가 부모의 인생에 사사건건 간섭한다면 부모의 마음은 어떨까? 벗어나고 싶을 것이다. 더 현명한 사람의 의견이더라도 간섭으로 느껴진다면 그가 누구든 불편하다. 그런데 그 현명한 사람이 부모여서 사랑을 명분으로 지속적으로 간섭한다면 아이는 어떨까? 부모는 개입이라고 주장하지만 아이는 침입으로 느낀다. 아무리 사랑하더라도 내 아이와 나는 엄연히 다른 사람인 동시에 서로 기대어 있다.

사랑하는 대상을 초월하는 사랑, 보리심

틱낫한 Thich Nhat Hanh 은 사랑을 수행의 바탕으로 삼는다. 스님의 첫사랑 이야기를 듣다 보면 집착과 사랑의 차이를 깨닫는다. 사랑하는 대상을 초월하는 사랑, 나아가 부모가 아이를 사랑하는 마음을 돌아보게 된다.

스님이 스물네 살 되던 해, 한 사원에서 만난 젊은 여승을 첫눈에 사랑하게 되었다. 스님은 수도승으로 살면서 그토록 격정적인 사랑을 유지할 수 있겠느냐고 반문하며 그 사랑은 마음 모으기, 보리심, 인간의 변화에 관한 이야기라고 전했다. 수도승으로 사랑에 빠지는 경우는 없겠지만 때때로 사랑은 결심보다 훨씬 강한 힘을 낸다고 했다.

어느 날 주지 스님이 출타해 둘이 남은 사원에서 스님은 그와 밤새 이야기를 나누고 싶은 충동을 느꼈다. 하지만 스님은 그럴 수 없었다. 스님이 사랑하는 그는 자비, 사랑, 평화를 한 몸에 지닌 존재였기에 그것을 흩트릴 수 없었기 때문이다. 이때 스님이 간절히 바라는 자비와 평화를 지켜준 것이 바로 보리심이다.

보리심은 자신과 다른 중생을 행복과 자유의 건너편 기슭으로 데려가겠다는 간절한 마음이다. 모든 중생이 집착을 끊고 번뇌를 소멸하는 깨달음을 통해 열반에 들려는 마음이다. 스님 자신과 그는 목숨이 붙어 있는 한, 수도승으로 살아가야 할 운명이기에 함께 깨달음을 얻겠다는 간절함으로 스님의 사랑을 지켰다.

행복과 자유의 세계에 들기를 염원하는 마음

종교적 해석을 뛰어넘어 부모는 자신뿐만 아니라 아이와 함께 행복과 자유의 세계로 건너가길 간절히 바란다. 그런데 부모의 간절한 바람이 지나쳐 집착이 생기면 오히려 번뇌를 만들고 사랑을 파괴한다.

보리심은 아이에게 행복과 자유의 세계를 직접 만들어 주려는 마음과는 다르다. 부모가 원하는 방식에 맞춰 사는 아이로 키우려는 집착과도 다르다. 보리심은 아이 스스로 행복과 자유의 세계에 들기를 염원하는 마음이다.

틱낫한 스님의 첫사랑이 참사랑으로 여무는 과정에서 보리심을 지키는 데 힘이 됐던 것은 도반이었다. 함께 수행하던 도반들은 스님이 사랑에 빠진 것을 눈치챘다. 그런데 그들은 아무 비판 없이 받아들였다. 이후로도 각자의 수행 정진을 위해 그와 이별한 스님이 가끔 외로운 마음을 달래기 위해 그의 이름을 입속으로 부르고는 했다. 도반들은 그것에 대해서도 아무 말도 하지 않았다. 침묵으로 스님을 지원했을 뿐이다. 스님은 너무나 놀랐다. 그들이 말없이 받아준 데 대한 고마움은 아직도 스님의 가슴에 남아 있었다.

인간은 복잡하게 돌아가는 인식작용으로 사리를 분별하고 판단한다. 그런데 인식하는 차원에서 보는 세계와 인식의 틀이 작동하는 것을 멈추고 경험하는 세계는 다르다. 수도승이 수행 정진하는 것은 인간에게 작동하는 분별심을 끊고 무아 상태에 들기 위해서다. 수도승이 사랑에 빠지는 사태를 잘못으로 판단해 도반으로서 바로잡아 주는 것이 마땅하다는 생각은 인식적 차원에서 비롯된다.

반면, 도반이 겪는 사태에 의미를 부여하는 것을 멈추고 오직 해탈의 길로 함께 들길 염원하는 태도는 인식적 차원에서의 분별심이 끊긴 상태다. 상대방의 자유와 독립을 존중하고 염원하는 태도다. 이는 인간의 인식이 쓸모없다는 뜻이 아니다. 인식적 차원에서 지식을 쌓아 지혜를 구하지만 어느 순간 쌓아온 지식을 깨뜨려야만 실재 속으로 들어간다. 강을 건너기 위해서는 뗏목이 필요하지만 강을 건넜으면 뗏목을 버려야 길을 떠날 수 있다는 비유를 통해 인식에 대한 우리의 이해가 진전될 수 있다.

꽃길로 가느냐 흙길로 가느냐 선택은 너의 몫

도반들의 보리심이 스님을 지켜주었다. 어쩌면 부모는 아이의 인생길에 함께 수행 정진하는 도반이다. 더 정확히 말하면 부모와 아이는 삶의 도반이다. 부모는 아이가 걸어가는 길에 자유와 행복이 있길 염원하기 때문이다.

자신의 불안을 아이에게 투영하거나 아이의 일거수일투족을 검열하고 싶어하는 부모는 없다. 다만, 아이가 잘못되거나 위험한 길로 빠지는 것을 예방하려다 보니 지적하고 비판하고 개입하게 되는 것이다. 부모가 아이의 행동을 비판 없이 받아들이는 것은 얼마나 어려운가! 이런 점에서 육아는 수행과 같다.

아이가 꽃길만 걷길 바라는 것이 부모의 마음이다. 부모가 보기에 자녀가 흙길로 향하는 것 같으면 흙길로 가는 모든 길목을 차단해주고 싶다. 요즘 부모의 이런 시도 중 하나를 '부모 찬스'라고 부른다. 물론 이는 불공정한 경쟁의 상징이다. 공정하지 못한 게임이라고 하더라도 내 새끼가 꽃길을 걸을 수만 있다면 아낌없이 쏟아붓고 싶다.

'부모 찬스'를 쓰더라도 그 기회가 아이에게 꽃길이 될지, 흙길이 될지 알 수 없다는 것을 생각해보았는가? 부모에게는 그런 전지전능한 능력이 없다. 사람들이 힘든 길이라고 하더라도 아이가 직접 걸어 가보지 않으면 어떤 길인지 알 수 없기 때문이다. 부모가 흙길이라고 미리 판단하고 '통행금지' 팻말을 걸어둘 수 없는 이유다. 형편없는 길이지만 그 길로 들어선 아이가 멈추지 않고 계속 걸어간다면 상황은 달라진다. 걷는 데 건림돌이 되는 들부리도 치우고 삽조도 뽑으면서 걷다 보면 어느새 아이의 세계가 드러나고 그 길에서 아름다운 꽃을 피워낸다. 즉, 인생길은 조건보다 길을 걷는 사람에 의해 결정되고 바뀐다. 원래 있던 길을 꽃길이나 흙길로 만들어내는 힘은 아이에게 있다.

고치를 뚫어주면 나비는 날지 못한다

고치를 제힘으로 뚫고 나온 나비가 제대로 날 수 있다. 고치를 뚫고 나오는 것이 안쓰러워 누군가 밖에서 고치를 뚫어주면 세상에 나온 나비는 제대로 날지 못한다. 고치를 뚫으며 길러야 했던 힘을 기르지 못했기 때문이다. '부모 찬스'는 자칫 날지 못하는 나비를 탄생시킬 수 있다. 부모의 역할은 무엇인가? 아무 역할도 하지 않은 채 아이가 아무 도움도 없이 혼자 힘으로 자라도록 내버려두는 것도 아니다. 애벌레의 탈피 과정을 아이의 성장에 비유하는 것은 아이 주도의 삶이 중요하다는 의미를 강조하기 위해서다. 아이가 아무 위험에도 노출되지 않도록 보호하려는 부모의 멸균주의 양육 태도로는 아이가 제 인생을 날아보지도 못할 수 있다. 우리가 사는 세상이 무균 상태가 아니기 때문이다.

병아리가 알을 깨고 나오는 과정을 '줄탁동시(啐啄同時)'라고 부른다. 말 그대로 알 속에서 병아리가 껍질을 쪼면 알을 품은 어미가 그 소리를 듣고 밖에서 껍데기를 쪼아줘 알에 금이 가고 그 틈으로 병아리가 부화한다는 뜻이다. 이때 중요한 점이 있다. 어미는 알 속의 병아리가 쪼는 소리를 듣고 밖에서 동시에 쪼아준다. 어미는 자녀가 잘 나오도록 조력해줄 뿐 먼저 나서서 주도하지 않는다는 점이다.

깊은 인연으로 만난 타인인 부모는 아이를 내팽개치는 존재가 아니다. 아이의 삶에 집착하는 존재도 아니다. 아이가 걸어가는 고단한 인생길에 변함없는 벗으로 함께 있는 존재다. 가까이 있든, 멀리 떨어져 있든 아이가 그 사랑을 의심할 필요 없는 유일한 사람이다. 부모의 간절한 사랑과 염원이 닿은 아이의 심연은 바깥세상에서 휘몰아치는 폭풍에 흔들릴 때도 있겠지만 언젠가는 다시 고요함을 찾는다.

보리심은 자녀와 함께 행복과 자유의 세계에
들기를 바라는 부모의 염원이다.

이 책은 오늘을 살아가는 부모들의 어려움과 혼란에 공감하고 해결의 실마리를 찾기 위해 썼다. 부모의 역할 갈등 이면에 도사린 것은 자녀교육 관련 정보나 기술 부족이라기보다 부모 의식의 혼란이라는 점에 관심을 두었다. 부모와 자녀는 특별한 사이지만 서로 고유성과 독특성을 지닌 엄연한 타인이라는 점을 강조했다. 양육자로서 부모는 아이의 삶에 자연스럽게 개입하고 자녀가 자라도 잘 성장하도록 도와주기 위해 여전히 개입한다. 자녀가 어릴 때는 개입이던 부분이 아이가 자라면 침입이 될 수 있는데도 말이다.

자녀의 마음을 제대로 읽고 공감함으로써 서로 지지하는 관계를 맺는 과정이 의외로 순탄치만은 않다. 자녀를 있는 그대로 만나는 것은 참 어렵다. 이런 괴로움이 지속되어 심각한 고통이 되면 부모는 "정말 어떡해야 우리 아이를 잘 키우는 걸까?"라는 질문을 하게 된다.

완벽한 타인으로 데이니 나의 징신세세를 블랙홀로 이끌었던 우리 가족 특히 두 아이 덕분에 나 역시 질문할 수밖에 없었다. 아이를 잘 키워야 한다는 걱정으로 치열했던 일상 가운데 아무렇지도 않게 자리 잡곤 했던 내 안의 불안, 두려움, 절망, 분노가 뜻밖에도 희망, 기쁨, 평온, 안락과 함께 있다는 점을 알게 해준 장본인들이 바로 우리 가족이다.

두려움을 덮어두고 무작정 평온을 찾기보다 두려움과 분노, 절망을 충실하게 직면하도록 용기를 준 우리 아이들이 참 고맙다. 두 아이 덕분에 이 이야기가 시작되고 진전되었다. 그리고 있는 그대로의 모습으로 나를 받아준 부모님께 깊이 감사한다. 두 분의 깊은 사랑 덕분에 지금까지 마음부자로 살아오고 있다. 부모님은 내게 언니와 동생 그리고 조카들이라는 소중한 인연을 선물해주셨다.

그들과 인생살이를 함께 할 수 있는 것은 지금도 내게 큰 행운이다. 그리고 또 하나의 행운은 존재 자체로 존중받는 감동을 일깨워준 나의 선생님을 만난 사건이다. 선생님의 인격적인 만남과 이로 맺어진 친구들과 함께 긴 세월 공부할 수 있어 감사하다.

참고 도서

▪ **국내서**

1. 김정운 지음, 《나는 아내와의 결혼을 후회한다》, 21세기북스, 2015.

2. 김형효 지음, 《하이데거와 마음의 철학》, 청계, 2001.

3. 박찬국 지음, 《들길의 사상가, 하이데거》, 그린비, 2013.

4. _____, 《인간과 행복에 대한 철학적 성찰》, 집문당, 2010.

5. 양운덕 지음, 《미셸 푸코》, 살림, 2003.

6. 오생근 지음, 《미셸 푸코와 현대성》, 나남출판사, 2013.

7. 이기상 지음, 《쉽게 풀어쓴 하이데거의 생애와 사상 그리고 그 영향》, 누멘, 2010.

8. 조정래 지음, 《풀꽃도 꽃이다 1~2》, 해냄, 2016.

▪ **번역서**

1. 레프 톨스토이 지음, 석영중·정지원 옮김, 《이반 일리치의 죽음》, 열린책들, 2018.

2. 루안 브리젠딘 지음, 임옥희 옮김, 《여자의 뇌, 여자의 발견》, 리더스북, 2007.

3. _____, 황혜숙 옮김, 《남자의 뇌, 남자의 발견》, 리더스북, 2010.

4. 마르틴 부버 지음, 표재명 옮김, 《나와 너》, 문예출판사, 2001.

5. 마르틴 하이데거 지음, 이기상 옮김, 《존재와 시간》, 까치글방, 1998.

6. 마이클 샌델 지음, 안기순 옮김, 《돈으로 살 수 없는 것들》, 와이즈베리, 2012.

7. 미셸 푸코 지음, 오생근 옮김, 《감시와 처벌》, 나남출판사, 2003.

8. 미하이 칙센트미하이 지음, 이희재 옮김, 《몰입의 즐거움》, 해냄, 2021.

9. 빅터 프랭클 지음, 남기호 옮김, 《삶의 물음에 '예'라고 대답하라》, 산해, 2009.

10. 빅터 프랭클 지음, 이시형 옮김, 《죽음의 수용소에서》, 청아출판사, 2005.

11. 수 클리볼드 지음, 홍한별 옮김, 《나는 가해자의 엄마입니다》, 반비, 2016.

12. 슬라보예 지젝 지음, 이운경 옮김, 《매트릭스로 철학하기》, 한문화, 2003.

13. 아리스토텔레스 지음, 조대웅 옮김, 《니코마코스 윤리학》, 돋을새김, 2015.

14. 알버트 엘리스 지음, 홍경자·김선남 옮김, 《화가 날 때 읽는 책》, 학지사, 2002.

15. 앤서니 브라운 지음, 허은미 옮김, 《돼지책》, 웅진주니어, 2001.

16. 에리히 프롬 지음, 원창화 옮김, 《자유로부터의 도피》, 홍신문화사, 2006.

17. 유발 하라리 지음, 전병근 옮김, 《21세기를 위한 21가지 제언》, 김영사, 2020.

18. 윌리엄 데레저위츠 지음, 김선희 옮김, 《공부의 배신: 왜 하버드생은 바보가 되었나》, 다른,
    2015.

19. 장 자크 루소 지음, 권응호 옮김, 《에밀》, 홍신문화사, 2006

20. 존 듀이 지음, 이홍우 옮김, 《민주주의와 교육》, 교육과학사, 2007.

21. 지그문트 프로이트 지음, 임홍빈·홍혜경 옮김, 《정신분석 강의》, 열린책들, 2020.

22. _____, 김석희 옮김, 《문명 속의 불만》, 열린책들, 2020.

23. 존 브래드쇼 지음, 오제은 옮김, 《상처받은 내면아이 치유》, 학지사, 2004.

24. 질 들뢰즈·펠릭스 가타리 지음, 김재인 옮김, 《천 개의 고원: 자본주의와 분열증 2》, 새물결,
    2001.

25. 탈 벤-샤하르 지음, 노혜숙 옮김, 《해피어: 하버드대 행복학 강의》, 위즈덤하우스, 2007.

26. 틱낫한 지음, 이현주 옮김, 《틱낫한의 사랑법》, 나무심는사람, 2002.

27. 프리드리히 니체 지음, 김정현 옮김, 《선악의 저편, 도덕의 계보》, 책세상, 2002.

28. 플라톤 지음, 박종현 옮김, 《에우티프론 소크라테스의 변론 크리톤 파이돈: 플라톤의 네 대
    화 편》, 서광사, 2003.

29. 피에르 브루디외 지음, 최종철 옮김, 《구별짓기(상): 문화와 취향의 사회학》, 새물결, 2005.

30. 하임 G.기너트 지음, 신흥민 옮김, 《부모와 아이 사이》, 양철북, 2003.

부모
인문학
23